中国大型会计师事务所
高质量发展研究

陈胜华 著

中国财经出版传媒集团

经济科学出版社
Economic Science Press

图书在版编目（CIP）数据

中国大型会计师事务所高质量发展研究/陈胜华著
. －－北京：经济科学出版社，2023.8
ISBN 978 - 7 - 5218 - 4895 - 3

Ⅰ. ①中… Ⅱ. ①陈… Ⅲ. ①会计师事务所 - 研究 -
中国 Ⅳ. ①F233.2

中国国家版本馆 CIP 数据核字（2023）第 118529 号

责任编辑：谭志军
责任校对：易　超
责任印制：范　艳

中国大型会计师事务所高质量发展研究

陈胜华　著

经济科学出版社出版、发行　新华书店经销

社址：北京市海淀区阜成路甲 28 号　邮编：100142

总编部电话：010 - 88191217　发行部电话：010 - 88191522

网址：www. esp. com. cn

电子邮箱：esp@ esp. com. cn

天猫网店：经济科学出版社旗舰店

网址：http://jjkxcbs. tmall. com

北京季蜂印刷有限公司印装

710 × 1000　16 开　13 印张　250000 字

2023 年 8 月第 1 版　2023 年 8 月第 1 次印刷

ISBN 978 - 7 - 5218 - 4895 - 3　定价：48.00 元

（图书出现印装问题，本社负责调换。电话：010 - 88191545）

（版权所有　侵权必究　打击盗版　举报热线：010 - 88191661

QQ：2242791300　营销中心电话：010 - 88191537

电子邮箱：dbts@ esp. com. cn）

序 一

我从事注册会计师行业近 40 年，有幸见证了中国注册会计师从无到有，从小到大的光辉历程，为中国注册会计师行业在服务国家建设中创造的高光时刻而感到无比的自豪与荣耀。

斗转星移，时光荏苒，当前我国注册会计师行业正遇上百年未有之大变局，面临巨大的挑战与机遇，行业同仁都在积极探索和寻求着做大做强会计师事务所的路径与方法。

困惑之际，我读到了在行业一起艰难求索的挚友胜华所思所想的这本专著，顿有感同身受、豁然开朗之感，真切看到了行业发展破局的希望和方向。以前也读过一些会计师事务所发展的论述，但大多限于某一方面，而很少有胜华如此全面、系统论述国内大型会计师事务所高质量发展的专门探讨。胜华在当下出版这本书，源于他多年的执业经历和不辍的思考，更饱含着他对注册会计师行业的真挚热爱。

雄关漫道真如铁，而今迈步从头越！我始终深信注册会计师行业现在遇到的困难是暂时的，是行业发展长河中的一个涟漪，国内大型会计师事务所将会有一个波浪式发展、曲折式前进的过程，掩卷覃思，更加坚定了我的这一信念。

北京兴华会计师事务所创始合伙人　王全洲
2023 年 8 月 29 日于北京

序 二

读完陈胜华先生的《中国大型会计师事务所高质量发展研究》，思绪良多！

中国注册会计师行业自 1980 年恢复重建以来，伴随着改革开放快速成长，取得了长足的进步，会计师事务所为中国改革开放和经济发展做出了巨大贡献，在中国经济社会发展中的地位和影响不断提升。但近年来，资本市场陆续爆发一系列财务造假案，舞弊金额之大、性质之恶劣，令人触目惊心，引发巨大社会舆论，影响十分恶劣，会计师事务所审计质量和发展模式不断受到社会公众的质疑与诟病，整个行业面临着空前的危机。会计师事务所如何实现高质量发展，承担起维护市场经济秩序和资本市场健康发展的重大责任，是摆在注册会计师行业面前的巨大难题。

陈胜华先生从事注册会计师行业近 30 年，是行业发展的亲历者和见证者，长期的执业实践，使他对注册会计师行业发展有着更为深刻的理解和感悟。在书中他对会计师事务所高质量发展进行了深刻思考、系统分析，以全新的视角，提出很多切实可行的对策和方案，对行业发展具有重要的启迪意义和借鉴作用。加之他哲学专业的背景，看待问题更具整体观和系统观，在多个章节中都能感受到他思考的维度和深度。

全书用一个"新"字贯穿始终。中国注册会计师行业进入了一个新的历史起点，面临着新的机遇和挑战，行业需要顺应新趋势，更新观念、方法，拥抱新科技、新技术，开发新产品，不断创新，构建新的发展模式，注册会计师行业才能真正实现高质量可持续发展。

　　书中字里行间能感受到陈胜华先生对注册会计师行业的深情和挚爱，而实现会计师事务所的高质量发展也是无数审计人的期盼和愿望。

　　会计师事务所作为专业服务公司，实现高质量发展是一个系统性、复杂性、长期性的艰巨任务，中国大型会计师事务所必须立足中国国情，学习借鉴国外经验，不断进行理论和实践创新，未来定能找到促进国内事务所持续、健康、高质量发展的中国模式。

北京兴华会计师事务所首席合伙人　张恩军
2023 年 8 月 29 日于北京

前言

　　中国现阶段的主要矛盾是人民日益增长的美好生活需要和不平衡不充分的发展之间的矛盾。由于人们收入水平、财产状况存在很大差距，主要表现在城乡区域发展不平衡、居民生活水平不平衡、基本公共服务提供不平衡。社会的主要矛盾的解决要立足于社会主义初级阶段这个最大实际，始终坚持"一个中心、两个基本点"的基本路线不动摇，坚持不懈地以发展为第一要务，凝神聚力推进高质量发展，继续加大改革开放力度，着力解决发展不充分的问题，为把我国建设成富强民主文明和谐美丽的社会主义现代化强国而奋斗。当前注册会计师行业面临发展质量特别是审计质量与公众需要和经济社会高质量发展要求之间的矛盾，具体表现为行业人才与行业业务多元化发展不相适应、行业信息化水平与数字强国战略不相适应、行业执业环境与行业高质量发展的愿望不相适应、行业治理与行业专业化和职业化发展的要求不相适应。

　　中国共产党的第二十次代表大会明确了新时代新征程中国共产党的中心任务，就是团结带领全国各族人民全面建成社会主义现代化强国、实现第二个百年奋斗目标，以中国式现代化全面推进中华民族伟大复兴。我国注册会计师行业在维护资本市场秩序和社会公众利益、提升会计信息质量和经济效率等方面发挥了重要作用，但同时也存在会计师事务所"看门人"职责履行不到位、行业监管和执法力度不足等问题，企业财务会计信息失真、上市公司财务造假等现象时有发生。要把党的二十大精神转化为会计师事务所奋斗实干的实践指引，对标落实以中国式现代化全面推进中华民族伟大复兴的中心任务及系统部署，谱写全面建设社会主义现代化新会计师事务所的新篇章，探索大型会计师事务所的高质量发展已经刻不容缓。

要坚持把跨越式高质量发展作为推进会计师事务所中国式现代化探索与实践的历史使命，着力打造会计师事务所高质量发展格局中的新增长极。要坚持把教育、科技、人才作为推进会计师事务所中国式现代化探索与实践的战略支撑，努力建设特质鲜明的创新型高质量发展会计师事务所。要坚持把共同富裕作为推进会计师事务所中国式现代化的奋斗目标，加快建设和谐型高质量发展会计师事务所。要坚持把党的建设作为推进会计师事务所高质量发展探索与实践的根本保证，积极构筑新时代新经济组织党建统领高地。

企业的强盛是国家富强的一个基石和缩影，拥有具有世界影响力的会计师事务所也是中国经济高质量发展的标志。路漫漫其修远兮，大型国内会计师事务所应上下求索，以全球化的发展思维，确定国内大型会计师事务所中国式现代化的新方向和国内大型会计师事务所高质量可持续发展新目标；国内大型会计师事务所发展的路径新思考和国内大型会计师事务所战略新选择；国内大型会计师事务所合伙人建设新合作和国内大型会计师事务所补齐人才建设短板；国内大型会计师事务所风险管理体系的新管理和国内大型会计师事务所应用三精管理新工具；国内大型会计师事务所数字化转型新科技和审计行业会面临被新技术颠覆的挑战；国内大型会计师事务所新市场营销和国内大型会计师事务所国际化新品牌；整合全球资源和人才，推进事务所治理能力现代化，从望尘莫及，到望其项背，甚至并驾齐驱，努力实现从模仿到创新、从追随到引领的快速发展，从而实现大型会计师事务所中国式高质量发展之路。

目 录

1

新目标：国内大型会计师事务所高质量可持续发展

中国注册会计师行业有助于推动市场资源合理配置，有效促进资本市场稳健发展，是维护财经秩序的重要环节，对于中国特色社会主义经济的平稳运行至关重要。中国注册会计师行业"十四五"规划、2035 远景目标纲要以及财政部质量管理准则等国家政策文件出台，中国注册会计师行业正在面临持续发展的全新挑战和全新要求。2021 年 8 月，国务院办公厅发布了《关于进一步规范财务审计秩序促进注册会计师行业健康发展的意见》（国办发〔2021〕30 号）（以下简称《国办意见》），其不仅是对注册会计师行业提出的要求，更是注册会计师行业新的发展契机和动力。无论是规划、纲要、质量管理准则还是国办意见都表明高质量可持续发展是注册会计师行业的前进之路。

一、中国注册会计师行业发展面临新台阶和新要求

由于新冠疫情、中美关系持续紧张以及全球经济波动等多重因素，中国经济发展正处于一个国内外局势严峻而复杂的新阶段。2020 年 4 月，中共中央政治局常委会会议首次提出"构建国内国际双循环相互促进的新发展格局"，无论是国内资本市场的发展还是跨境经济活动，都离不开注册会计师的专业服务。同时，注册会计师行业发展要以服务国家建设、实现经济高质量发展为核心，目前注册会计师行业面临

新台阶高、新要求严的高压局面。

注册会计师行业应高度关注、顺应、协同参与国家财会监督体系的构建发展，遵循注册会计师行业发展的客观规律，才能为新时代注册会计师行业的高质量可持续发展找到理论依据。

2021 年 8 月，国务院办公厅发布的国办意见中也提及将进一步依法整治财务审计秩序，强化行业日常管理。行业也通过开展"质量管理提升年活动"，要求强化质量管理准则，改进会计师事务所质量管理体系，完善会计师事务所自律监管体系，持续提升从业人员胜任能力等。行业要求会计师事务所对标质量管理标准，尤其是完善事务所内的质量管理体系，要对事务所质量控制制度进行系统梳理，进一步系统化提升会计师事务所质量管理体系的实际管理水平，并要求在会计师事务所结构体系内的所有分所分部统一执行质量管理体系。

二、中国注册会计师行业高质量可持续发展的主要路径

高质量可持续发展是一项系统性、战略性、复杂性、长期性工程，须多维度统筹推进，多条路齐头并进。在目前注册会计师行业面临的新形势下，应做好以下主要工作，促进注册会计师行业迈上新台阶，实现高质量可持续发展。

（一）长期坚持以强化诚信建设与职业道德教育为核心

1. 坚持开展诚实守信与职业道德教育培训工作

诚实守信无论在哪个行业都是必需的职业操守，更是注册会计师行业执业人员职业道德的重要基础。会计师事务所要全面展开内部诚信文化建设，坚持将其摆在工作中的首要位置，让诚实守信成为注册会计师行业执业人员高质量完成工作的核心与保障。

然而，实现全体注册会计师行业执业人员具备并持续保持良好诚信素养是一项长期任务。诚信素质的培养不是一时的，会计师事务所应当重点关注审计人员在工作中职业道德与诚信观念的持续性增强和

保持，让更多的注册会计师行业人员在执业中守住诚信操守底线，筑牢法律法规红线，让诚信和职业道德观念真正内化为注册会计师执业人员的品格，使坚持诚信和遵守职业道德成为从业人员的自觉追求。

2. 行业人员应全面提升自觉意识，强化自律观念

遵守职业道德需要注册会计师执业人员的自律，要求在独立工作、无人监督的环境下，仍能坚持自己的道德观念，按道德规范严格约束自己的行为。恪守自觉意识和自律观念是目前注册会计师行业执业人员的挑战，是决定未来注册会计师行业人员能否恪守独立性的关键。

行业执业人员必须把诚信思想教育作为审计职业生涯中的必修课程，提高自觉意识，增强自律观念。只有执业人员筑牢思想防线，时刻自我提醒，诚信与职业道德才能在执业过程中成为行业人员开展审计工作的准绳。

协会可以定期组织一些与文化有关的教育传播活动，使提倡与弘扬对精神文化追求的理念在审计工作中持续发挥影响，让能够深入注册会计师行业执业人员内心的不再是肤浅浮躁的物质追求而是高深精辟的审计价值观与审计精神。行业人员还需要坚持提高自己的思想觉悟和自律意识，让自律自觉意识在与文化教育的对接和碰撞中产生质的提升。

3. 协同创造良好的执业环境与行业风气

注册会计师的执业环境可以说是整个社会政治、经济、文化环境的缩影。中国资本市场的创新变革、主板和中小板市场的壮大、股票发行注册制以及科创板、创业板、新三板市场的改革等一系列措施的推进，使资本市场发生结构性变革，上市业务因此逐渐变得纷繁复杂，注册会计师服务业务的种类数量也进一步增加，行业为了不断提升社会公众对财务报告的信赖程度，工作难度正在大幅增加。国办意见指出，要推进以质量为导向的会计师事务所选聘机制建设，通过科学设置会计师事务所选聘的指标权重，提高质量因素权重，降低价格因素权重，完善价格因素的评价方式，引导形成以质量为导向的选聘机制。国办意见的发布将从宏观角度显著改善注册会计师行业执业环境。

　　虽然执业环境的改善一定程度依赖于社会整体环境的变化发展，但是对于注册会计师行业内部来说，主观上依然要有责任心和紧迫感，要协同大环境，主动探索创造良好内部环境与风气的可实施路径。

　　具体来说，首先，会计师事务所内部须定期开展自查工作，对于自查不达标的，须对部门与体系实施一系列改革措施，建立能够强有力地规范和约束审计职业道德的管理体系。应当以诚实守信的职业道德准则为依据，加快贯彻落实审计职业道德具体准则和职业道德规范指南的要求，达到增强行业内执业注册会计师的职业道德意识的目的，利用高素质高职业道德意识来规范注册会计师的执业行为。

　　其次，净化行业，尽可能地为注册会计师行业自身创造一个规范的工作环境。事务所之间因缺乏公平竞争的环境，存在行业分割与垄断、地方保护、恶意降价等现象。除了政府加强监管，取缔不符合条件或严重违规的事务所外，会计师事务所内部也应该从自身做起，公平竞争，净化行业风气，营造良好的执业环境。会计师事务所应当完善、优化事务所内部收入结构，在如今十分激烈的市场份额竞争当中，坚持用质量换取份额优势，而非通过恶意降价等手段扰乱行业风气。

（二）抓住历史机遇、以推动行业数字化转型为手段

1. 顺应大数据趋势推动数字化思维转型

　　随着信息技术和计算机科学的崛起，以新型冠状病毒疫情的暴发引发的远程办公为契机，逐渐意识到数字化技术能够为中国经济体系中绝大部分行业的效率和产品质量带来大幅度提升，数字化技术与中国经济碰撞融合已经成为当下不可阻挡的新趋势。

　　这种趋势也从很多方面影响着注册会计师行业，势必为行业带来深刻的影响变革。数字化转型是提升审计能力、提升审计工作质量、增强审计发展可持续性的必然选择。所以，注册会计师行业必须加快转变以往的审计思维，立足大数据视野。只有这样，才能化危机为机遇，才能顺应时代变化规律，注册会计师行业才能得到高质量可持续发展。

2. 推动注册会计师行业执业人才数字化转型

随着数字化转型理念的提出，新的经济模式要求注册会计师行业从业人员不断提升自身数字化水平和专业复合度，同时也给会计师事务所带来新的变化。转变新思想，开发新工具，归根结底要落实到注册会计师行业中每一位执业人员身上。会计师事务所要积极培养具备锐意创新精神、学习能力强的复合型审计人才。在大数据环境下，未来注册会计师行业执业人员不仅要精通财会知识、业务知识、审计知识，也需要兼备数据挖掘与程序编写、人工智能等相关技术知识和能力。通过执业人才数字化转型，注册会计师行业的工作效率和提供的服务质量将获得新提升，注册会计师行业执业人才的竞争力也会大幅提高，这有利于解决注册会计师行业面临的诸多问题与困境，有利于注册会计师行业可持续发展。

3. 开展数字化转型规划工作，积极寻找数字化转型合作伙伴

新的数字化思维模式要求注册会计师行业将数字化转型变革的咨询与路径规划作为首要步骤，有条理地探索研究行业数字化转型的可持续发展路径，使新思维模式在转型这个关键节点为注册会计师行业在发展的星辰大海中指明方向。

在大数据时代、信息技术高度发达的背景下，市场经济中并不缺乏具有协助注册会计师行业数字化转型能力的供应商。在数字化转型过程中对于技术供应商的选择要重视发掘志同道合的合作伙伴，精确定位并提出行业需求，明确行业发展方向与目标，尽最大可能做出合理、正确的判断和决策。

三、中国注册会计师行业以人才培养为本、夯实可持续发展基础

会计师事务所40岁以上注册会计师占比超过60%，40岁以下的合伙人/股东占比不到10%，老龄化问题在合伙人/股东队伍中依然非常突出，后备人才储备不足。由于相关法律法规对高龄合伙人/股东没有

退出规定，部分事务所高龄合伙人/股东长期占有股份但并未正常执业，导致青壮年注册会计师上升通道狭窄，产生年龄断档。

当前注册会计师行业的吸引力明显下降，现有人员有离开行业的迹象，尤其是高素质人员的招聘现在已经非常困难，一方面审计收费上不去；另一方面审计责任提高，投入成本增加，两头的挤压导致行业进入了一个困局。人力成本上升和人才竞争加剧，事务所难以吸引、留住足够的高端复合型人才，从而难以承接咨询、IT 审计等高端业务，实现业务转型和事务所高质量可持续发展。

对此，应采取以下措施解决。

（一）进一步提高注册会计师行业吸引力

财政部门、行业协会、会计师事务所和注册会计师形成宣传合力，努力营造行业积极发展的形象与氛围。对于做出突出贡献的事务所、合伙人和从业人员应作为正面典型向社会全方位、有信心地推介。充分利用微信、抖音等现代传播渠道，尽力再造行业的品牌和价值，让更多人真正了解、理解行业，加入审计行业，奠定人才引进和培养的坚实基础。

（二）加大注册会计师行业接班人培养力度

接班人是事务所可持续发展的关键和基础。事务所经过近几十年的发展，接班人的培养已经越来越迫切和重要。如何顺利完成新老交替，延续事务所的文化根脉，打造百年老店，应积极有效地培养事务所新时代的带头人。

（三）关注培养注册会计师行业青年人才

青年人才是事务所发展的希望和未来。事务所应完善薪酬考核体系，分配向一线和年轻人倾斜，只有有竞争力的薪酬才能有行业长远的竞争力，一流的待遇才能有一流的事务所。以全生命周期管理理论为指导，完善行业年轻人才培养制度体系，加大年轻人才继续教育力度，为行业发展与国家建设提供坚实人才队伍保障。

面临百年未有之大变局，注册会计师行业高质量可持续发展大有可为，前景可期。注册会计师行业只有高质量发展，行业自身才能得到更长远更健康的发展，才能满足整个社会经济发展的需求。应坚定不移贯彻注册会计师行业高质量可持续发展的理念，构建高质量可持续发展的格局，助力中国经济社会的高质量可持续发展。

2

新思考：国内大型会计师
事务所发展的路径

2019 年 12 月 14 日和 15 日，我①有幸在海南三亚参加了长江商学院经济学及人力资源学教授、学术事务副院长王一江教授《财富本源，从大历史看社会经济发展的规律》的课程，阅读了曼瑟·奥尔森的《集体行动的逻辑》《国家的兴衰》《权力与繁荣》和周雪光的《中国国家治理的制度逻辑》等相关的书籍。结合当前所在的注册会计师行业，对与中国国内大型会计师事务所发展紧密相关的中国注册会计师协会、注册会计师行业发展和会计师事务所内部治理，我尝试应用上述所学的理论框架进行了一些不成熟的探讨和思考，以期为中国国内大型事务所的发展提出初步建议。

中国注册会计师制度诞生于 20 世纪初，主要服务于当时蓬勃兴起的民族工商业的发展。中华人民共和国成立后，注册会计师行业在国民经济恢复中发挥了积极作用。之后，随着逐步实行高度集中的计划经济，注册会计师行业发展一度中断。伴随着改革开放和社会主义市场经济体制建设的历史进程，注册会计师行业不断发展壮大，执业不断规范，服务国家建设的能力不断增强，作用日益凸显。注册会计师审计是市场监督体系的重要制度安排，在维护资本市场秩序和社会公众利益、提升会计信息质量和经济运行效率等方面发挥了重要作用。

---

① 指作者本人。

截至 2019 年 6 月 30 日，中国注册会计师协会有单位会员（会计师事务所）9 118 家，其中，有 40 家具有证券期货资格会计师事务所，获准从事 H 股企业审计业务的内地大型会计师事务所 11 家。个人会员超过 26 万人，其中，注册会计师 107 483 人，非执业会员 153 891 人，全行业从业人员近 40 万人。注册会计师行业服务于包括 3 000 余家上市公司在内的 420 万家以上企业、行政事业单位。2018 年度实现收入792.54 亿元，收入过亿的会计师事务所 49 家；收入超过 5 亿元的会计师事务所 21 家，全部是证券期货资格会计师事务所。

一、中国注册会计师行业管理体系应进行体制创新

中国注册会计师协会（以下简称"中注协"）是在财政部党组领导下开展行业管理和服务的法定组织，依据《注册会计师法》和《社会团体登记管理条例》的有关规定设立，承担着《注册会计师法》赋予的职能和协会章程规定的职能。

中注协虽然在法律上是一个在民政部门登记的社团组织，但主要是在财政部党组领导下，人事、财务和党建等都由财政部决定。而会计审计工作关系着许多人的利益，具有典型的公共事务性质，属于"公共物品"。受到会计审计信息影响的个人和单个组织，不可能直接来监督会计审计信息的质量。通过制度规定和安排，评价会计信息质量的工作交给了注册会计师，而不是由政府部门来直接监督会计信息的质量。由接近 40 万人的专业队伍，担负起对 420 万家企业、事业、机关单位会计信息质量的评价工作。同时通过法律授权，由中注协承担注册会计师行业的管理和服务工作，行使监督职能，采用了与国际通用的，尤其是发达国家注册会计师行业自主监管不同的模式。在新的形势下如何让中国注册会计师行业的管理模式更有效需进一步深入探讨。

在《集体行动的逻辑》中，奥尔森提出了利益集团形成、集体行动达成的条件，以及不同利益集团组织起来可能性的差别；在《国家

的兴衰》中，根据不同利益集团组织起来可能性的差别，提出了一些国家存在的大量分利集团或分利联盟导致了衰落；在《权力与繁荣》中，进一步发挥特殊利益集团理论，提出了市场经济国家繁荣的两个重要条件：一是有可靠而界定清晰的个人权利；二是不存在任何形式的强取豪夺。

管制越复杂，就越需要像律师、会计师或其他政府相关事务方面的专家来应对这些管制事务。当这方面的专家足够多的时候，就会产生这样一种可能性：在复杂管制中存在既得利益的专家就会联合起来进行游说以反对管制的简单化或者被取消。正如韦伯（Weber，1978）指出的那样，一个组织一旦存在，就有着自我生存的动力，就会力图找到其继续生存的理由。总体而言，社会中的特殊利益集团会降低社会效率和总收益，并使政治的分歧加剧。

注册会计师行业要改革发展，应在体制管理创新方面进行成功的探索。体制管理所要回答的问题是：那些超越了老百姓和企业、机构能力范围的公共事务，该由谁来办，又该如何办好。当前存在的问题表现多样，有的没有人办，有的由政府包办，有的由社会组织来办。这方面存在着效率与效果是否统一、权利与责任是否相匹配的问题。

注册会计师行业管理有巨大的创新空间，中注协应转变管理思路，创新管理方式，逐步与行政机关脱钩，加快成为依法设立、自主办会、服务为本、治理规范、行为自律的社会组织。创新行业协会管理体制和运行机制，吸取已经脱钩转制的地方协会的经验，激发内在活力和发展动力，提升行业服务功能，才能充分发挥行业协会在经济发展新常态中的独特优势和应有作用。自律性是注册会计师行业的最大特征，在执业中必须充分彰显。注册会计师行业是自我建设、自我约束、自我完善、自我发展起来的，应当约束自身的执业行为、约束自身的利益，扎实提高审计质量，主动维护行业和公众利益。会员大会应真正成为注协的最高权力机构，依靠行业的整体力量，尊重事务所和注册会计师自信、自立、自强的主体精神，才能推进注册会计师行业的高质量发展。

二、会计师事务所应做强做大、规模发展

2018 年，普华永道会计师事务所、德勤华永会计师事务所、安永华明会计师事务所和毕马威华振会计师事务所（通常称作"国际四大会计师事务所"）在中国的收入分别为人民币 51.73 亿元、44.67 亿元、38.96 亿元和 33.62 亿元，在全球的收入分别为 413 亿美元、432 亿美元、348 亿美元和 289 亿美元。世界 500 强中，国际四大会计师事务所的客户占 90% 以上。而中国国内的立信会计师事务所、瑞华会计师事务所、天健会计师事务所和致同会计师事务所在国内的收入为人民币 36.68 亿元、28.79 亿元、22.15 亿元和 18.36 亿元。

2016 年 1 月 1 日至 2019 年 6 月 30 日，40 家证券期货资格会计师事务所受中国证券监督管理委员会及证券交易所处理处罚次数 283 项，其中行政处罚 21 项，瑞华会计师事务所和立信会计师事务所就分别被行政处罚 5 项，而国际四大会计师事务所没有受到行政处罚。

通过上述分析，国内大型会计师事务所与国际四大会计师事务所存在很大的差距。按照集体行动的逻辑，除非在集团成员同意分担实现集团目标所需的成本的情况下给予他们不同于共同或集团利益的独立的奖励，或者强迫他们这么做，否则，如果一个大集团中的成员有理性地寻求使他们的自我利益最大化，他们不会采取行动以增进他们的共同目标或集团目标。在缺乏强制或缺乏上述的独立激励时，这样的大集团也不会建立组织以追求他们的共同目标，即使在一个集团中对共同利益和实现共同利益的方法意见一致。

在一个集团范围内，集团收益是公共性的，即集团中的每一个成员都能共同且均等地分享它，而不管他是否为之付出了成本。集团收益的这种性质促使集团的每个成员想"搭便车"而坐享其成。集团越是大，分享收益的人越是多，为实现集体利益而进行活动的个人分享份额就越小。所以，在严格坚持经济学关于人及其行为的假定条件下，经济人或理性人都不会为集团的共同利益采取行动。

　　而在一个很小的集团中，由于成员数目很少，每个成员都可以得到总收益的相当大的一部分。这样，集体物品就常常可以通过集团成员自发、自利的行为提供，而不用靠强制或任何集体物品以外的正面的诱因。在存在着相当程度的不平等的小集团中——在成员的"规模"不等或对集体物品兴趣不等的集团中，集团物品最有可能被提供。研究发现，"采取行动"的集团和小集团一般要比"不采取行动"的集团规模小。"采取行动"的小集团的平均成员数是6.5，而"不采取行动"的小集团规模的平均成员数是14。

　　注册会计师行业作为高风险行业，要提供高质量的"公共物品"，提高上市公司的会计信息质量，会计师事务所必须做强做大，进行大规模经营，才能提供与其目标相匹配的专业胜任能力。在主要的发达国家，上市公司的审计集中在前四大会计师事务所，有的甚至占90%以上的市场份额。而如表2-1、表2-2所示，中国上市公司的审计市场却非常分散，亟须改变。近期《证券法》修订后，会计师事务所的证券期货资格已经取消。大型国内会计师事务所应抓住这次难得的机遇，进行兼并重组，迅速做强做大，在两年内形成中国的国内"六大"，形成品牌影响力和行业聚集后的控制力，全面提升审计质量，尽快缩小与公众期望值之间的差距。

表2-1　　　　　　　　40家原证券期货资格会计所A股客户数

会计所	客户数量	数量占比（%）	排序
立信	564	14.9	1
天健	457	12.0	2
大华	307	8.1	3
信永中和	298	7.9	4
容诚	203	5.4	5
致同	194	5.1	6
大信	164	4.3	7

续表

会计所	客户数量	数量占比（%）	排序
中审众环	159	4.2	8
天职国际	157	4.1	9
安永华明	93	2.5	10
普华永道中天	88	2.3	11
中汇	78	2.1	12
中兴华	67	1.8	14
天衡	63	1.7	13
众华	61	1.6	15
德勤华永	55	1.5	16
公证天业	54	1.4	17
中兴财光华	53	1.4	18
中天运	49	1.3	19
华兴	47	1.2	20
广东正中珠江	43	1.1	21
毕马威华振	43	1.1	22
中喜	41	1.1	24
和信	40	1.1	25
上会	38	1.0	26
亚太（集团）	38	1.0	27
中勤万信	35	0.9	28
四川华信（集团）	35	0.9	29
中审华	34	0.9	30
瑞华	33	0.9	23
希格玛	30	0.8	31
永拓	28	0.7	32
苏亚金诚	26	0.7	34
北京兴华	25	0.7	33
利安达	24	0.6	35

会计所	客户数量	数量占比（%）	排序
中准	21	0.6	36
立信中联	16	0.4	37
中审亚太	12	0.3	38
中证天通	11	0.3	39
天圆全	9	0.2	40
合计	3 793	100.0	

资料来源：原始数据来自 Wind，并有个别修正。截至 2020 年 3 月 1 日，按数量多少排序。

有 3 家公司尚未选定审计机构，包括：ST 凯迪、康得新、暴风集团。

表 2 – 2　　　　　40 家原证券期货资格会计所历年 A 股客户数

会计所	2013年报	2014年报	2015年报	2016年报	2017年报	2018年报	2019年报
立信	376	412	439	504	577	563	564
天健	270	297	317	355	394	397	457
大华	166	169	174	190	228	237	307
信永中和	154	154	173	189	219	232	298
容诚	68	72	81	96	110	111	203
致同	111	118	128	146	178	185	194
大信	98	100	102	122	137	143	164
中审众环	64	65	93	110	125	129	159
天职国际	80	76	88	106	116	139	157
安永华明	38	33	43	57	63	74	93
普华永道中天	56	57	64	62	66	77	88
中汇	21	29	31	47	58	61	78
中兴华	24	20	25	28	34	35	67
天衡	46	52	49	53	59	57	63
众华	56	52	57	64	66	58	61
德勤华永	41	46	44	47	59	54	55

续表

会计所	2013年报	2014年报	2015年报	2016年报	2017年报	2018年报	2019年报
公证天业	46	45	42	48	54	54	54
中兴财光华	9	8	14	22	33	40	53
中天运	22	23	27	30	38	42	49
华兴	26	26	26	28	34	36	47
广东正中珠江	57	60	67	75	90	90	43
毕马威华振	20	25	22	24	27	33	43
中喜	25	24	26	29	35	35	41
和信	32	34	36	35	40	40	40
上会	29	26	27	30	34	38	38
亚太（集团）	14	16	21	20	29	29	38
中勤万信	29	30	31	32	35	38	35
四川华信（集团）	26	27	30	30	29	32	35
中审华	34	35	34	30	29	32	34
瑞华	335	358	375	367	340	312	33
希格玛	20	22	25	28	31	31	30
永拓	13	14	13	18	19	19	28
苏亚金诚	9	13	15	17	19	23	26
北京兴华	35	38	37	33	36	34	25
利安达	16	14	15	15	17	21	24
中准	17	18	17	15	19	20	21
立信中联	4	4	4	4	6	12	16
中审亚太	35	38	12	12	7	8	12
中证天通	10	11	10	9	10	11	11
天圆全	5	6	8	9	9	8	9
合计	2 537	2 667	2 842	3 136	3 509	3 590	3 793
历年最好水平会计所数量	—	4	1	1	8	7	30

注：色块部分为该所审计 A 股客户最多的年份。

资料来源：2013～2016 年数据来自中注协审计快报数据，包括个别的 B 股公司。到 2020 年 2 月，B 股公司有 17 家。

三、会计师事务所应建立多数人管控为核心的治理体系

收入在 5 亿元以上的中国大型会计师事务所，都已经按照要求改制成为特殊普通合伙，从业人员在 1 000 人以上。按照合伙人人均 2 000 万元，从业人员 1∶10 估算，多数大型事务所的合伙人将在 100 人以上。具体情况可以参照表 2 - 3。

在合伙人众多的会计师事务所，如何建立有效的治理体系至关重要。合伙人是不好管理的专业人士，因为选择会计师作为自己的职业，在事务所做合伙人的最显著的心理特征就是要自主。他选择的是一份职业，而不是一份工作。合伙人的另一个特点是他们之间没有等级之分。事实上这个等级是存在的，但要在面子上一视同仁，给予每个合伙人参与决策的权利。因此，很多时候，每个合伙人对公司事务应当如何处理都是各执一词。可以说，如果合伙治理文化做得好，事务所就是一个好的由良善的管理层控制、实行民主集中制的合伙企业；如果做得不好，那就可能是一个"专制型"模式，由一个人或少数人说了算。

曼瑟 - 奥尔森在《权利与繁荣》提出共容利益（Encompassing interests）一词，将共容利益定义为：某位理性地追求自身利益的个人或某个拥有相当凝聚力和纪律的组织，如果能够获得稳定社会总产出中相当大的部分，同时会因该社会产出的减少而遭受损失，则他们在此社会中便拥有了共容利益。共容利益给所涉及的人以刺激，诱使或迫使他们关心全社会的长期稳定增长。与之对应的是拥有"狭隘利益"的个人或组织，鉴于他们对只能享有或丧失产出增减量中的微不足道的部分，故他们对增加社会产出毫无兴趣，而仅仅热衷于再分配以寻求该社会产出的更大份额，甚至不惜损害社会的福利。奥尔森同时提出："令人惊讶的是，有时大多数人特别是更大多数人在社会中具有充分的共容利益，他们愿意——并非出于纯粹的自我利益——放弃对有利

表 2-3　2018 年度业务收入前 100 家会计事务所信息（公示稿）

2019 年 5 月 23 日

序号	会计师事务所名称	2018 年度业务收入			与事务所统一经营的其他专业机构专业务收入（万元）	注册会计师数量（人）	从业人员数量（人）	分所数量（家）
		总额（万元）	鉴证业务收入（万元）	非鉴证业务收入（万元）				
			其中					
1	普华永道中天会计师事务所	517 228.23	491 332.10	25 896.13	0.00	1 153	9 460	22
2	德勤华永会计师事务所	446 654.24	331 487.39	115 166.86	0.00	1 013	6 415	13
3	安永华明会计师事务所	389 583.73	367 695.45	21 888.27	0.00	1 167	6 520	17
4	立信会计师事务所	366 794.73	317 356.52	49 438.21	33 432.40	2 108	7 579	31
5	毕马威华振会计师事务所	336 189.57	278 009.24	58 180.34	0.00	799	5 071	12
6	瑞华会计师事务所	287 855.10	260 937.28	26 917.82	103 872.83	2 266	8 986	40
7	天健会计师事务所	221 541.43	210 629.23	10 912.20	80 006.73	1 602	5 139	15
8	致同会计师事务所	183 621.45	138 476.12	45 145.32	91 078.24	1 232	5 957	23
9	大华会计师事务所	170 954.38	151 501.95	19 452.44	77 657.05	1 308	4 340	29
10	天职国际会计师事务所	166 213.53	123 723.21	42 490.32	75 031.94	1 127	4 397	24
11	信永中和会计师事务所	153 239.00	128 057.46	25 181.53	99 211.48	1 416	5 861	23
12	大信会计师事务所	130 052.86	113 449.26	16 603.60	86 835.38	1 104	3 538	28
13	中审众环会计师事务所	116 260.00	104 689.43	11 570.57	44 208.66	1 166	3 392	29

序号	会计师事务所名称	2018年度业务收入				注册会计师数量（人）	从业人员数量（人）	分所数量（家）
		总额（万元）	其中		与事务所统一经营的其他机构业务收入（万元）			
			鉴证业务收入（万元）	非鉴证业务收入（万元）				
14	中兴华会计师事务所	109 183.08	86 199.56	22 983.52	19 405.77	782	1 957	27
15	中兴财光华会计师事务所	108 629.03	99 080.60	9 548.43	134 423.99	961	2 586	36
16	北京兴华会计师事务所	70 407.28	61 818.19	8 589.09	48 802.63	700	2 313	26
17	容诚会计师事务所	69 904.03	66 413.42	3 490.61	14 044.24	485	1 387	10
18	中天运会计师事务所	67 967.00	49 229.63	18 737.37	16 242.69	685	1 867	24
19	中审华会计师事务所	61 601.19	54 845.60	6 755.59	23 458.24	738	1 855	18
20	亚太（集团）会计师事务所	60 432.98	53 864.94	6 568.05	780.03	516	926	19
21	中汇会计师事务所	57 380.29	42 784.01	14 596.28	79 562.64	513	1 307	9

于自己的再分配，并像对自己一样对待少数人。他们会提供与社会全体一致接受的帕累托有效或者与社会理想供应水平相一致的等量公共物品。一旦存在一个更大范围的共容利益，指引共容利益使用强制性权力的第二只看不见的手就会以与所有人利益相一致的方式下工作。"

在王一江教授看来，市场经济其实是非常脆弱的，只有在市场增进型政府管理的情况下市场经济才能得以存在，而市场增进型政府只有在"相对武力"达到微妙平衡的情况下才能够被建立起来。王一江教授的研究表明，因为"相对武力"这个变量的跨国差异，世界上必然会存在各种不同的政治制度和经济制度。因此，迫使世界上所有国家都采用一种特定类型的经济或政治制度的思想和政策是危险的。同样地，制定公共政策之时只考虑市场原则也是不可取的。要制定相对完善的公共政策，政策制定者需要认识到，社会不满情绪和民粹主义等也是政治和经济体系的重要部分。随着这些因素的变化，维持微妙平衡的"相对武力"也会发生变化，随之而来，一个社会的政治和经济制度也将随之发生变化，比如导致民主国家内部民粹主义抬头，走向极端政治，不仅会威胁到市场制度，也威胁到民主制度。因此，基于不断变化的武力平衡，解决公共问题并采取有效政策来防止走向极端政治，至关重要。

会计师事务所和国家、政府等组织相类似，本质上可以视为一个拥有共同奋斗目标的行为个体的总集合。合伙人通过合伙人协议成立会计师事务所，即与事务所共容利益有了交叉的地方，只是在重合程度上有差异而已。事务所的发展速度、质量和战略的执行程度无不受到共容利益的影响，它们的实现无不和共容利益间的拟合程度相关。因此，事务所通过文化、愿景的方式从思想层次影响人的思维，促成合伙人共容利益的一致性；以制度为保障，强制规范合伙人的行为，让其与共容利益更多地融合；借力于多种激励机制，如职位激励、奖金、荣誉等，磨合个人利益走向共容利益。事务所应以共容利益为基础，分层次、多角度挖掘个体的私利与共容利益的集合，力求使共容利益最大化。

但是，信息不对称、激励设置、表现测量、监管成本等一系列组织设计通常所见的困难，因组织复杂性和规模庞大而放大加剧，导致组织失败。随着经济和社会领域的制度变迁，中国大型会计师事务所也经历了一系列重要变革，包括内部规则和程序的不断繁衍，考核评估的体系以及激励机制的建立和细化，以便确保合伙人执行事务所部署的有效性。审计领域的另一个突出特点是，审计技术与手段、判断标准等方面都存在大量的模糊性。与信息的不确定性（不完备性）或对称性不同，模糊性指在同样信息条件下人们会有不同的解释和理解（March and Olsen，1976）。值得注意的是，信息模糊性造成的组织问题产生于对同一信息的不同解释，因此不会因为信息的增加而得到解决，针对信息不完备问题采取的对策无法解决这一问题；针对信息不对称情况而采取的激励设计也难以奏效。

事务所内部治理应以多数人统治和"人合"为基础，尊重注册会计师的智力劳动和专业价值，充分发挥专业和知识在事务所内部决策和管理中的主导作用。事务所所有合伙人应享有平等地位，合伙人之间应相互信任，建立相互尊重、沟通协商、共谋发展的和谐关系。事务所应根据行业"人合"的特性，在章程中约定股东会表决权的分配方式。合伙事务所采取一人一票或其他体现"人合"特性的表决权分配方式。合伙人管理委员会及其成员，应公平对待所有合伙人，并关注其他利益相关者的权益。中国大型事务所应完善事务所治理结构，以合伙文化为导向，积极树立"人合、事合、心合、志合"的事务所治理理念，推动形成诚信、合作、平等、协商的事务所合伙文化。构建跨地区发展的人事、财务、业务、市场、信息等一体化管理；建立完善以质量、责任、风险控制为导向的业务人员业绩评价、薪酬及晋升政策。

企业的强盛是国家富强的一个基石和缩影，拥有具有世界影响力的会计师事务所也是中国经济高质量发展的标志。路漫漫其修远兮，中国大型国内会计师事务所应上下求索，将行业监督管理的组织注册会计师协会与行政机关脱钩，成为行为自律的社会组织；与审计工作的内在规律相一致，遵循行业发展的国际惯例，形成具有品牌影响力、控制力的高质量"六大"；推进事务所治理能力现代化，与国际大所的差距从望尘莫及到望其项背，甚至并驾齐驱，努力实现从模仿到创新、从追随到引领的发展阶段的新跨越。

3

新战略：国内大型会计师
事务所战略选择

改革开放以来，中国注册会计师行业不断发展壮大，执业不断规范，服务国家建设的能力不断增强，作用日益凸显。2018 年，全行业对上市公司出具了 216 份非标意见审计报告，在保证会计信息质量方面发挥了作用。但行业发展仍存在突出问题，影响恶劣的审计失败多发频发，极个别事务所甚至突破职业道德底线，损害了行业声誉，"康美""康得新"事件使国内大型会计师事务所的审计质量成为公众关注焦点。因此，在百年未有之大变局的新时代，如何确定中国国内大型会计师事务所的发展战略尤显重要和迫切。

一、国内大型会计师事务所的基本情况及主要问题

截至 2018 年 12 月 31 日，中国共有会计师事务所 9 005 家，其中 40 家具有证券期货资格；总所 7 875 家，分所 1 130 家；共有执业注册会计师 106 798 人，非执业注册会计师 131 633 人。2018 年度实现收入 792.54 亿元，收入过亿元的会计师事务所 49 家，收入超过 5 亿元的会计师事务所 21 家，全部都是证券期货资格会计师事务所。

如表 3-1 所示，2018 年，普华永道会计师事务所、德勤华永会计师事务所、安永华明会计师事务所和毕马威华振会计师事务所在中国的收入分别为人民币 51.73 亿元、44.67 亿元、38.96 亿元和 33.62 亿元，在全球的收入分别为 413 亿美元、432 亿美元、348 亿美元和 289

亿美元。世界 500 强中，国际四大会计公司的客户占 90% 以上。而中国国内的立信会计师事务所、瑞华会计师事务所、天健会计师事务所和致同会计师事务所在国内的收入为人民币 36.68 亿元、28.78 亿元、22.15 亿元和 18.36 亿元。

表 3-1   2018 年会计师事务所前十名

序号	会计师事务所名称	2018 年度业务收入		
		总额（万元）	其中	
			鉴证业务收入（万元）	非鉴证业务收入（万元）
1	普华永道中天会计师事务所	517 228.23	491 332.10	25 896.13
2	德勤华永会计师事务所	446 654.24	331 487.39	115 166.86
3	安永华明会计师事务所	389 583.73	367 695.45	21 888.27
4	立信会计师事务所	366 794.73	317 356.52	49 438.21
5	毕马威华振会计师事务所	336 189.57	278 009.24	58 180.34
6	瑞华会计师事务所	287 855.10	260 937.28	26 917.82
7	天健会计师事务所	221 541.43	210 629.23	10 912.20
8	致同会计师事务所	183 621.45	138 476.12	45 145.32
9	大华会计师事务所	170 954.38	151 501.25	19 452.44
10	天职国际会计师事务所	166 213.53	123 723.21	42 490.32

2016 年 1 月 1 日至 2019 年 6 月 30 日，40 家证券期货资格会计师事务所受中国证券监督管理委员会及证券交易所处理处罚次数 283 项，其中行政处罚 21 项（见表 3-2）。瑞华会计师事务所和立信会计师事务所就分别被行政处罚 5 项，而国际四大会计师事务所没有受到行政处罚。

表 3-2   40 家证券期货资格会计师事务所受中国证券监督管理委员会及证券交易所处理处罚次数

序号	会计师事务所名称	行政处罚	市场禁入	行政监管	暂不受理/中止审核	暂停承接	合计次数
1	瑞华	5	1	18			24
2	大信	1	1	20	1		23

续表

序号	会计师事务所名称	行政处罚	市场禁入	行政监管	暂不受理/中止审核	暂停承接	合计次数
3	中兴财光华			23			23
4	立信	5		16		1	22
5	大华	1		17			18
6	天健			15			15
7	北京兴华	1	1	11	1		14
8	中喜			14			14
9	亚太（集团）			12			12
10	利安达	3		7		1	11
11	众华	1		9			10
12	中审众环			10			10
13	信永中和	1		8			9
14	中审华	1		7			8
15	中兴华	1		6			7
16	中天运	1		5	1		7
17	天职国际			7			7
18	中证天通			6			6
19	广东中正珠江			5	1		6
20	致同			5			5
21	中审亚太			5			5
22	北京永拓			4			4
23	中勤万信			3			3
24	中准			3			3
25	北京天圆全			3			3
26	毕马威			2			2
27	天衡			2			2
28	和信			2			2
29	蓉诚			1			1

续表

序号	会计师事务所名称	行政处罚	市场禁入	行政监管	暂不受理/中止审核	暂停承接	合计次数
30	普华永道中天			1			1
31	上会			1			1
32	苏亚金诚			1			1
33	中汇			1			1
34	华兴			1			1
35	四川华信			1			1
36	希格玛			1			1
37	安永						0
38	立信中联						0
39	德勤华永						0
40	公证天业						0
	合计	21	3	253	4	2	283

通过上述分析，国内大型会计师事务所与国际四大会计师事务所存在很大的差距。国内大型会计师事务所如何做强做大，逐步、尽快缩小与国际四大会计师事务所差距，应树立全球化视野，全面分析事务所发展的内外环境、自身的优势和劣势，提高事务所治理能力，确定恰当的战略目标，找到适合自身的发展路径。

二、全面开放以全球化视野走国际化发展之路

在新思维和新视野的基础之下，中国需要建立起"以全球应对全球"的发展战略。在中美贸易摩擦、科技竞争、金融摩擦的背景下，全球经济的碎片化和割裂状态将愈加突出。如此，修炼以全球应对全球的能力和发展战略，就显得尤为重要，应该成为中国开创全球化发展新时代与竞合格局的镇山之宝。以全球应对全球，需要我们以自身之优势和能力，整合全球各经济体的资源，构建起"你中有我，我中

有你"的发展格局和竞合关系；构建以全球应对全球的能力，真正做到全球资源整合，特别是全球人才为我所用。

伟大的企业源于全球化，没有全球化的视野，要想成为一个伟大的企业是不可能的。一个伟大的企业，必须根植于全球化。中国大型会计师事务所应以成为伟大的会计师事务所为目标，以全球化视野走国际化发展之路。

国际化日益显现为注册会计师行业发展的重要规律和内生性要求。当前中国经济进入"新常态"，对外开放呈现出高水平引进来与大规模走出去同步发展的新局面，正在实施互联互通和"一带一路"新倡议。这样的规划，迫切需要行业以国家先进理念、标准和方法服务国家建设，提升行业发展对国家新战略的适应性，促进行业抓住新机遇实现新发展，增强行业在国际事务中的话语权。

大型会计师事务所应自主创建国际知名品牌，提升本土事务所竞争优势，有条件的事务所采取联合、并购、重组、兼并等方式，整合拥有或共有国际知名品牌。事务所建立品牌管理机制，实施海内外成员机构品牌一体化管理，在国际上推广中文品牌。如表 3 - 3 所示，信永中和会计师事务所在 2018 年国际会计师事务所网络排名首次进入前 20 名，既是有益的尝试和探索，更是一次新的突破。

表 3 - 3　　　　　2018 年主要会计师事务所网络业务收入排名

排名	会计师事务所网络	业务收入（亿美元）
1	Deloitte	432
2	PwC	412.8
3	EY	347.7
4	KPMG	289.6
5	BDO	89.9
6	Grant Thornton	54.4
7	RSM	53.7
8	Crowe	43.3

排名	会计师事务所网络	业务收入（亿美元）
9	Nexia	40
10	Baker Tilly	36.3
20	Shinewine International	4.548

会计师事务所作为服务于企业"走出去"的重要组成部分，跟随企业步伐，肩负起了为企业客户提供专业服务的重要使命。2018 年，北京地区的会计师事务所继续大力开拓国际市场，通过开展国际化业务取得的收入达到 50.21 亿元，较 2017 年国际业务收入 44.56 亿元增加 5.65 亿元，同比增长 12.68%。占 2018 年行业业务收入总量的 30.29%，较上年占比 29.62%份额继续稳步增加。

从本质上讲，一流企业的竞争就是一流人才的竞争。全球资源的整合归根到底是国际高端人才的整合。中国企业的发展方向就是要在世界范围内整合高端人才资源。这是最为重要的，也是难度最大的。但这是打造世界一流企业必须跨越的障碍，也是历史的必然趋势。我们别无选择。有没有天下人才为我所有的战略视野，有没有天下人才为我所用的巨大胸怀，有没有天下人才乐为我用的文化包容性，都将考验我们民族和企业家的智慧。中国企业家须有高瞻远瞩的战略视野，怀着成为世界一流企业的坚定信念，吸引和利用世界上优秀的"头脑"和资源，撷取全球各家所长"以强制强"，使中国企业可能在短期内实现大跨度跳跃而跻身于世界一流企业之林。

中国大型会计师事务所应全面提升注册会计师从业队伍的专业素质、执业能力和职业道德水平，着力培养能够承担国际业务、符合行业国际化发展要求的高层次专业人才和事务所管理人才。会计师事务所应积极开展对外交流与合作，拓宽注册会计师境外培训的渠道，加强与境外会计师组织、国际会计公司和培训机构的合作，选拔一批优秀的注册会计师和会计师事务所高级管理人员，到境外考察、研修，提升专业能力、管理能力和国际交流能力。培养吸纳行业高级人才，尤其是海外人才归国创业就业。

中国大型会计师事务所应建立具有全球竞争力的薪酬体系，尽快缩小与国际四大会计公司的员工待遇差距。当前国际四大会计公司的新入职员工起薪在 9 500 元左右，还有相当可观的出差补助和加班费。而国内大型事务所新入职员工薪资在 5 000 元左右。国内事务所的合伙人应有更远大的目标和宽广的胸怀，要用一流的、有国际竞争力的薪酬，吸引和留住一流的人才，才有可能成为一流的、伟大的事务所。

近期《证券法》修订后，会计师事务所的证券期货资格有可能取消。大型会计师事务所应抓住这次难得的机遇，进行兼并重组，做强做大，在两年内形成中国的国内"四大"。会计师事务所做强做大，做大是基础，做强是核心，走向国际是标志。应在"做大"实现规模化、"做强"提高竞争力的基础上，以国际发展为方向，全面参与会计市场的国际竞争，在服务中国企业"走出去"战略的进程中，实现国际化发展的新跨越。

三、深化改革推进事务所治理体系和治理能力现代化

2019 年 10 月 28 日召开的中国共产党第十九届中央委员会第四次全体会议审议通过了《中共中央关于坚持和完善中国特色社会主义制度、推进国家治理体系和治理能力现代化若干重大问题的决定》，提出中国国家治理一切工作和活动都依照中国特色社会主义制度展开，中国国家治理体系和治理能力是中国特色社会主义制度及其执行能力的集中体现，将治理体系和治理能力现代化提到了前所未有的高度。

长江商学院刘劲教授指出，治理分为国际治理、国家治理和公司治理三个层级。国家治理是规则和军事的竞争，大国制定法规，强制手段掌握在大国手里；国家治理是法规和强制手段的竞争，精英制定法规，强制手段的分散决定了对垄断的制衡程度，精英之间的制衡是关键；公司治理是法制下的规则和文化，国家法规和文化是现成的，强制手段在国家层面，是大股东和小股东的博弈，治理结果是竞争优

势和权力的分配，利益集团的核心考量是经济和安全。

中国大型会计师事务所应深入研究公司治理体系，提高事务所治理能力。要吸收借鉴国际四大会计师事务所先进管理经验，改造成与国际四大会计师事务所相似的模式，按照会计师事务所内部治理指南的要求，狠抓内部治理，加快完善"权责清晰、决策科学、管理严格、和谐发展"的治理机制，建立健全以决策程序、风险控制、人才培养、收益分配、执业网络协调为重点的内部管理制度，增强管理的科学性和透明性，规范和理顺合伙人之间、合伙人与注册会计师和员工之间的关系。

中国大型会计师事务所应完善事务所治理结构，构建跨地区发展的人事、财务、业务、市场、信息等一体化管理；建立完善以质量、责任、风险控制为导向的业务人员业绩评价、薪酬及晋升政策。应以合伙文化为导向，积极树立"人合、事合、心合、志合"的事务所治理理念，推动形成诚信、合作、平等、协商的事务所合伙文化。

企业的强盛是国家富强的一个基石和缩影，拥有具有世界影响力的会计师事务所也是中国经济高质量发展的标志。路漫漫其修远兮，大型国内会计师事务所将上下求索，以全球化的发展思维，整合全球资源和人才，推进事务所治理能力现代化，从望尘莫及，到望其项背，甚至并驾齐驱，努力实现从模仿到创新、从追随到引领的发展阶段的新跨越。

4

新合作：国内大型会计师
事务所合伙人建设

2013 年，按照财政部的要求，具有证券审计资格的会计师事务所全部转制成为特殊普通合伙，我们事务所①转制后有了近 100 名合伙人。如何有效影响他们，成为迫切和重大的挑战。

一、会计师事务所合伙人的特点

合伙人是不好管理的专业人士，因为选择会计师作为自己的职业，在事务所做合伙人的最显著的心理特征就是要自主。他选择的是一份职业，而不是一份工作。合伙人的另一个特点是他们之间没有等级之分。事实上这个等级是存在的，但要在面子上一视同仁，给予每个合伙人参与决策的权利。因此，很多时候，每个合伙人对公司事务应当如何处理都是各执一词。国外事务所合伙人制度一百多年发展经验表明，作为合伙人的专业特性愈趋强化、固化。

我们事务所合伙人年龄、学历、党员情况、取得注册会计师年限情况如下。

（1）年龄情况：30～35 岁 6 人，36～40 岁 6 人，41～45 岁 15 人，46～50 岁 25 人，51～55 岁 25 人，56 岁以上 17 人。

---

① 指作者所在的会计师事务所。

（2）党员情况：党员为 32 人。

（3）学历情况：合伙人博士 1 人，硕士 16 人，本科 75 人，大专 2 人。

（4）男性 64 人，女性 30 人。

（5）取得证书执业年限：5 年以下 2 人，5～10 年 12 人，11～15 年 24 人，16～20 年 27 人，21～25 年 24 人，26 年以上 5 人。

具体情况如表 4－1 所示。

表 4－1　　　　　　　　　　人员具体情况

序号	姓名	性别	年龄	执业年限	政治面貌	学历
1	＊	女	56	16	中共党员	本科
2	＊	女	51	18	中共党员	硕士
3	＊	男	50	18	群众	硕士
4	＊	女	43	11	群众	本科
5	＊	男	35	6	群众	本科
6	＊	男	50	23	中共党员	硕士
7	＊	男	53	21	中共党员	本科
8	＊	男	51	21	群众	本科
9	＊	男	39	5	群众	硕士
10	＊	女	52	25	群众	本科
11	＊	女	42	18	群众	本科
12	＊	女	43	10	群众	本科
13	＊	女	49	9	群众	本科
14	＊	女	48	20	群众	本科
15	＊	男	47	17	群众	本科
16	＊	男	44	12	中共党员	本科
17	＊	男	49	23	群众	本科
18	＊	男	52	15	群众	本科
19	＊	女	43	13	群众	本科
20	＊	女	53	12	群众	本科
21	＊	男	53	21	中共党员	本科
22	＊	女	35	10	中共党员	本科

序号	姓名	性别	年龄	执业年限	政治面貌	学历
23	*	男	54	21	群众	本科
24	*	女	49	17	群众	本科
25	*	男	56	17	中共党员	本科
26	*	男	57	13	中共党员	本科
27	*	女	41	12	群众	硕士
28	*	男	43	7	群众	本科
29	*	男	44	16	群众	硕士
30	*	男	51	16	群众	本科
31	*	男	48	14	中共党员	本科
32	*	男	47	13	群众	本科
33	*	男	54	15	群众	本科
34	*	男	52	18	中共党员	大专
35	*	男	51	18	群众	本科
36	*	男	56	25	中共党员	本科
37	*	男	55	21	中共党员	本科
38	*	男	52	24	群众	本科
39	*	男	34	6	中共党员	硕士
40	*	女	46	12	群众	本科
41	*	男	58	18	群众	本科
42	*	女	58	23	群众	本科
43	*	男	48	21	群众	本科
44	*	男	42	16	群众	本科
45	*	女	54	23	群众	本科
46	*	男	36	11	中共党员	本科
47	*	男	46	17	群众	本科
48	*	女	59	16	中共党员	本科
49	*	男	49	12	群众	本科
50	*	男	57	22	群众	硕士

续表

序号	姓名	性别	年龄	执业年限	政治面貌	学历
51	*	男	51	16	群众	本科
52	*	男	54	26	群众	博士
53	*	男	56	19	群众	本科
54	*	男	50	15	群众	硕士
55	*	男	50	18	群众	硕士
56	*	女	51	24	群众	硕士
57	*	男	42	16	群众	硕士
58	*	男	61	27	中共党员	硕士
59	*	男	51	22	群众	本科
60	*	女	48	11	中共党员	本科
61	*	女	48	16	群众	本科
62	*	男	53	25	中共党员	本科
63	*	男	53	20	中共党员	本科
64	*	男	58	26	群众	本科
65	*	男	60	23	中共党员	本科
66	*	男	50	19	中共党员	本科
67	*	男	45	21	中共党员	硕士
68	*	男	57	25	群众	本科
69	*	女	49	17	群众	本科
70	*	男	52	17	中共党员	本科
71	*	女	47	10	中共党员	本科
72	*	男	39	13	群众	本科
73	*	男	49	14	中共党员	本科
74	*	男	57	23	群众	本科
75	*	男	48	22	中共党员	本科
76	*	男	53	20	群众	本科
77	*	男	37	11	群众	本科
78	*	女	57	22	群众	本科

序号	姓名	性别	年龄	执业年限	政治面貌	学历
79	*	女	48	13	群众	本科
80	*	男	59	26	群众	本科
81	*	男	42	15	群众	本科
82	*	男	52	22	中共党员	本科
83	*	女	42	12	中共党员	本科
84	*	女	44	12	群众	本科
85	*	女	45	11	群众	本科
86	*	男	58	27	中共党员	本科
87	*	男	31	5	群众	本科
88	*	男	30	7	中共党员	大专
89	*	男	37	3	群众	本科
90	*	女	31	6	中共党员	本科
91	*	女	48	6	群众	本科
92	*	男	36	4	群众	硕士
93	*	女	49	11	群众	本科
94	*	男	52	19	群众	硕士

二、合伙人共生共荣是目标

事务所合伙人的共同目标是以多数人统治和"人合"为基础，合伙人之间和合共生，互利共荣，互相成就。要尊重他们的智力劳动和专业价值，充分发挥专业和知识在事务所内部决策和管理中的主导作用。所有合伙人享有平等地位，合伙人之间相互信任，建立相互尊重、沟通协商、共谋发展的和谐关系，"心往一处想，劲往一处使"。可以说，如果合伙文化做得好，事务所就是一个好的由良善的管理层控制、实行民主集中制的合伙企业；如果做得不好，那就可能是一个"专制型"模式，由一个人或少数人说了算。

会计师事务所，和国家、政府等组织相类似，本质上可以视为一个拥有共同奋斗目标的行为个体的总集合。合伙人通过合伙人协议成立会计师事务所，即与事务所共容利益有了交叉的地方，只是重合程度的差异而已。事务所的发展速度、质量和战略的执行程度无不受到共容利益的影响，它们的实现无不和共容利益间的拟合程度相关。

三、影响合伙人面临的最大的困惑或挑战

合伙人是一个矛盾的角色，既要获取利润以生存，又要维护公众利益；既要独立职业判断，又要团队协同、系统支撑。而信息不对称、激励设置、表现测量、监管成本等一系列组织设计通常所见的困难因事务所复杂性和规模庞大而放大加剧，导致失败。审计领域的另外一个突出挑战是，其审计技术与手段、判断标准等方面都存在大量的模糊性。与信息的不确定性（不完备性）或对称性不同，模糊性指在同样信息条件下人们会有不同的解释和理解（March and Olsen，1976）。值得注意的是，信息模糊性造成的问题产生于对同一信息的不同解释，因此不会因为信息的增加而得到解决，针对信息不完备问题采取的对策无法解决这一问题；针对信息不对称情况而采取的激励设计也难以奏效。

因此，事务所要通过文化、愿景的方式从思想层次影响人的思维，促成合伙人共容利益的一致性；以制度为保障，强制规范合伙人的行为，让其与共容利益更多地融合；借力于多种激励机制，如职位激励、奖金、荣誉等，磨合个人利益走向共容利益。事务所应以共容利益为基础，分层次、多角度挖掘个体的私利与共容利益的集合，力求使共容利益最大化。

四、多措并举共建合伙人机制

我理解，影响他人就是让别人按照你的意图把事情办好。首先要有意图，就是建立合伙人的共同使命和愿景。经过长期探讨和磨合，

吸取经验和教训，才统一到以成为伟大的会计师事务所为远大目标，以全球化视野走国际化发展之路，自主创建国际知名品牌，全面参与会计市场的国际竞争，实现国际化发展的新跨越。

开始采用传统影响方法较多，一是面对面监督，全程参加项目管理，开放式办公，严格打卡和例会制度，要求加班等，只在规模小、短时期时能发挥一定作用；二是文化影响，以合伙文化为导向，积极树立"人合、事合、心合、志合"的事务所治理理念，推动形成诚信、合作、平等、协商的事务所合伙文化。合伙文化是保障事务所和谐、持续发展的内在力量。继承传统文化的精髓，汲取现代管理的成果，构建符合注册会计师职业特征、有益于事务所健康发展的合伙文化。合伙文化是事务所在发展过程中不断培育和形成的统一的职业定位、价值取向、发展理念、道德标准和行为规范。大力倡导包括诚信、民主、尊重、平等、合作、包容、协商等在内的合伙文化要素。制度是合伙文化的固化表现，同时也是合伙文化建设的保障。把合伙文化的精髓融入到各项制度和机制当中，以法律法规为依据，形成以章程为核心的、完善的内部决策和管理制度体系，以及尊重制度、执行制度的管理氛围，起到了良好效果。

要建立具有全球竞争力的薪酬体系，尽快缩小与国际四大会计师事务所的员工待遇差距。当前国际四大会计师事务所的新入职员工起薪在 9 500 元左右，还有相当可观的出差补助和加班费。而国内大型事务所新入职员工在 5 000 元左右。国内事务所的合伙人，要有更远大的目标和宽广的胸怀，要用一流的、有国际竞争力的薪酬吸引和留住一流的人才，平衡长期利益和短期利益。根据"人合"的特性，在章程中约定股东会表决权的分配方式。合伙事务所采取一人一票或其他体现"人合"特性的表决权分配方式，公平对待所有合伙人，并关注其他利益相关者的权益。

业绩评价标准涵盖合伙人的执业质量、工作强度、工作效率、工作态度、职业道德、专业胜任能力、市场开拓能力、培训完成情况等因素，建立与业绩评价制度相结合的薪酬制度和晋升制度，"资合"与

"人合"并重、责任与薪酬匹配、物质报酬与精神激励结合，不断保持和吸引优秀人才，支持合伙人成长和发展，建立与事务所发展战略、市场拓展、质量控制相适应的人才晋升机制。

五、用好"助推"完善影响机制

通过朱睿教授"从行为科学视角探讨影响力"课程学习，阅读了《思考，快与慢》《助推》《错误的行为》和《赢家的诅咒》等书籍后，有了一些新思路和新尝试。

在《助推》一书中提到，可以采取一种"自由意志的家长制"，改善人们的决策。这转变了我的观念。以前认为自由意志和家长制是水火不容的，不知道能达成一种微妙的平衡。合伙人要保留自主决策的权利，但我可以适当地影响合伙人做决策的过程，让他们做出对自己更为有利的选择。

根据行为经济学的禀赋效应和前景理论，在得与失之间，人们对"失"更敏感，等量的损失比等量的获得，对人们的感觉产生更大的影响。人们憎恶失去属于自己的东西，他们的直觉系统对此会难以接受，大体上来讲，失去某件东西使你难过的程度比你得到这件东西使你快乐的程度要大一倍，这一现象称为"损失厌恶"。在实际中，我们修订了合伙人进出的条件，鼓励发展新合伙人，条件有所放宽，甚至近年吸收了两位"90后"的新合伙人。与此同时，加大了合伙人考核力度，退出了 10 位合伙人，对留下的合伙人产生不小震动，打破了现状，事务所收入和合伙人个人创造收入均有增长。

"心理账户"理论注意到，消费者会把其支出分为不同的账户。我们都有两个账户，一个是"经济学账户"，一个是"心理账户"。心理账户的存在影响着我们的消费决策。经济学账户里，每一元钱都是可以替代的，只要绝对量相同。在心理账户里，对每一元钱并不是一视同仁，而是视不同来处、去往何处采取不同的态度。一是将各期的收入或者各种不同方式的收入分在不同的账户中，不能相互填补；二是将不同来源的收入做不同的消费倾向；三是用不同的态度来对待不同数量的收入。近来监管风暴，事务所要承担很高赔偿风险，我们在制度中开始明确规定，将合伙人收入中的一部分预先缴纳保险费，另外一定比例预提为风险金，提高风险防范的能力。同时规定合伙人可以承担的最大业务量，支出中规定作为员工工资的最低比例等，直接影响、指导和规范合伙人的决策行为。

在塞勒和桑斯坦看来，在很多情况下，我们只要做出小小的调整，就能极大地改变决策的结果，如锚定效应和"同侪压力"。锚定效应（anchoring effect）是指当人们需要对某个事件做定量估测时，会将某些特定数值作为起始值，起始值像锚一样制约着估测值。在做决策的时候，会不自觉地给予最初获得的信息过多的重视。"同侪压力"指朋友之间的影响力，就是发现自己有时候会面临艰难抉择，独立做出判断已非常困难，若有旁人干扰你，给你施加种种压力，就更加难，当你身边的同龄人试图影响你的决定时，你就受到了"同侪压力"，要有更大的自觉性，而帮助人们改进行为的最好方法就是提供反馈。因此我们在设定合伙人目标时，从原来的 500 万元提高到 600 万元，修改了其他关键的指标。在 100 个合伙人和 30 个分公司之间每月开展评比，增加考核和信息披露频率频次，在合伙人中及时公开。

每门社会科学的基础显然都是心理学，有朝一日，肯定能从心理学原理推导出社会科学的规律。管理学亦如此。管理时多探究行为中及其背后的心理因素和规律，用行为科学指导管理行为，既能影响自己，更能有效影响别人，既可度己，又能达人。

5

新管理：国内大型会计师事务所风险管理体系

近年来我国注册会计师行业蓬勃发展，与此同时行业监管力度逐步加大，监管重点正在发生转变，给会计师事务所执业提出了更高的要求。然而会计师事务所当前的风险管理建设还未形成标准统一的体系，导致近来处罚事件频发。尽快构建会计师事务所风险管理体系建设已经成为迫在眉睫的任务。因此，很有必要通过对国内会计师事务所目前在风险控制上的缺陷与不足进行详细的分析，从而构建全面规范的适用于大型会计师事务所的风险管理体系，使大型会计师事务所在执业过程中能对可能发生的风险进行有效的预防和处理。

一、国内大型会计师事务所风险管理的主要缺陷

（一）治理与文化缺陷

由于我国大型会计师事务所从 21 世纪开始都处于大规模合并、吸纳新成员所、接纳新员工的状态，因此在整合治理、文化教育方面可能会存在一些缺陷。

1. 总分所管理模式存在缺陷

国内大型会计师事务所大多数采取的是总分所垂直管理模式，这样的模式给予了各分所一定的自主权，也让总所承担着更重的责任和

更高的风险，尤其是当分所快速增加的时候，总所对于分所很难做好管控工作。总所对分所有统一的控制制度，但具体业务执行过程中，这些制度并没有相应的控制保证其得到执行。有的年审项目，一方面经理为了保证任务的按时完成，并未详细检查复核工作底稿；另一方面项目组雇用大量专业储备和实际操作能力不足的实习生，从而增加了审计工作的风险。这些疏忽没有在事务所的控制体统中得以暴露，加上各分所没有很好执行复核制度，都为日后会计师事务所的发展埋下了隐患。

2. 企业文化

企业文化是企业在长期经营活动中形成的共同价值观、精神领导风格和行为规范。会计师事务所内部文化的形成需要长时间的积累。在我国积极推动会计师事务所做大做强的背景下，会计师事务所的规模化主要是通过合并这一快速方式来实现。但不同会计师事务所的经营理念和经营方式差别很大，短时间内将不同的会计师事务所合并，容易导致文化融合困难的局面，进而导致会计师事务所内部员工行为和思想上的分歧，影响员工的工作态度和工作表现。

合并后，员工对于事务所文化的接受程度也难以把握。其一是因为会计师事务所人员流动性强，一个员工可能在多家事务所就职过，很难有像在一般企业里的内部文化认同感；其二因为会计师事务所的审计工作经常涉及出差，员工的主要工作都是在与其他企业打交道，即使采取文化管理培训的方式，也很难保证文化的顺利融合。

（二）战略与目标设定缺陷

本土会计师事务所在与国际四大会计师事务所进行市场争夺时，最看重的就是市场份额。而市场份额由会计师事务所的收入表示，根据会计师事务所收入与人员的关系又可以量化为师均收入。注册会计师协会发布的会计师事务所综合评价前百家信息，统计 2016～2020 年会计师事务所师均收入可以发现，国内大型会计师事务所师均收入还是远远低于国际四大会计师事务所，甚至不及大多数所的一半。这就意味着如果国内大型会计师事务所要达到和国际四大会计师事务所一样的收入，注册会计师们需要付出的时间和精力往往是其注册会计师的2倍。注册会计师在执行审计工作中需要保持独立性，这一点至关重要。而盲目关注会计师事务所收入的战略的做法，则可能会有损注册会计师的独立性，很可能为了避免丢失客户而向客户妥协，在明知有问题的情况下为了留住客户出具无保留审计意见。

国内大型会计师事务所师均收入低于国际四大会计师事务所，且薪资方面的吸引力也远远不如国际四大会计师事务所。在薪酬基数低、涨幅慢以及高薪的诱惑下，一些注册会计师和高校优秀应届毕业生纷纷选择去国际四大会计师事务所工作；另外，由于会计师事务所旺季工作强度大，出差频繁，很多注册会计师把会计师事务所作为工作跳板，积累了一定的经验后，便跳槽到较为稳定、收入更高的大中型企业工作。优质性人力资本是会计师事务所的核心竞争资源，人才流失增加了会计师事务所的成本，制约了会计师事务所的发展。

（三）绩效缺陷

由于审计业务提供的是一种高水平的保证，因此在审计前、审计中、审计后对合伙人和注册会计师的风险把控提出了很高的要求。初步业务活动阶段，需要进行风险评估并判断是否继续接受项目；审计过程中保持职业怀疑，发现被审计单位可能存在的重大错报风险；审计后要对审计的工作底稿进行审查和复核。

国内大型会计师事务所未能发现一些简单基础的舞弊造假错误，很难认为注册会计师在审计业务中保持了充分的独立性。其实这种现象并不少见，很多本土会计师事务所为了保持总体业务收入的增加，宁愿低价被聘用。

在年审时间紧任务重的情况下，注册会计师可能出于主动或被动的原因减少自己的工作量，具体体现在审计底稿填写并没有执行的程序，或者发现问题之后没有实施进一步的审计程序。

（四）信息、沟通、报告和审阅修订缺陷

在对重大项目审计工作实施过程中，国内大型会计师事务所要求对底稿依次进行复核。三级分别是：项目经理和审计部门负责人复核、外派复核人员和项目负责人复核、合伙人复核。

但是在实际的审计工作中，编制某些审计工作底稿的往往是审计助理或者实习生等较低级别的审计人员。可能由于时间紧任务重，并没有相应的审核人员对底稿进行很好的复核，导致了没有发现简单财务错报。如果确实把三层复核流程落实到位，将会大大减少底稿中的错误，也许可以避免大多数审计的失败。

会计师事务所管理层在处理声誉危机过程中最突出的问题在于其对风险的判断失误，管理人员过低地估计了立案调查对事务所造成的影响，以至于其在面对证监会和银行市场交易商协会的调查时未能有效沟通，由此引发更加深入的调查和严厉的处罚。

二、搭建会计师事务所风险管理体系

风险管理体系的完善首先需要外部监督的推动，会计师事务所需要紧跟证监会和中注协政策法规的变动做出调整；其次，应参考 COSO 风险管理框架中的要素针对大型会计师事务所构建风险管理体系，并对具体控制活动进行细化。

（一）治理与文化层面

合伙人治理层面首先应该设立监督委员会，对合伙人管理委员会进行监督。其次，对于合伙人的进入、考核与退出机制进行严格的设计与实施。最后，对于总分所的管理模式，会计师事务所应采用一体化的管理机制，总部对分所的人事、财务和业务进行统一分配，实现市场与客户管理、行政管理、财务核算、人力资源管理、信息支持和技术标准风险控制的高度一体化管理模式。

会计师事务所文化应该向风险分担与利益分享的方向发展。文化建设的根基是有效的治理机制，当会计师事务所合伙人（股东）在同一个利润池统一分配时，有效的监督机制也就随之建立起来了。

（二）战略与目标设定

会计师事务所首先应该建立明确清晰的战略定位，将风险意识贯穿始终。战略与目标设定之后，围绕其关键要素，会计师事务所内部会进一步进行明确的行为规定，能够阻断风险事件的发生。

（三）绩效评价

绩效评价层面应贯穿于按照业务发生的全流程阶段。

1. 事前控制阶段

设置风险识别和人员分配控制要素。对于承接项目的风险识别，会计师事务所成立独立性调查小组，对被承接项目的董监高等人员以及被承接项目下属各子公司的背景调查实施独立性调查程序，如管理层是否诚信、高级管理人员是否频繁离职、背景调查结果、是否有负面的新闻媒体报道等。

2. 事中控制阶段

设置业务执行活动，包括风险评估、审计工作底稿、项目监督和审计报告等关键控制要素。风险评估控制从财务报表整体层次、认定报表层次和相关内部控制程序三方面进行评分，考核风险发生的可能性，对于小风险事件，及时阻断演变为重大风险事件的可能性；对于重大风险事件，通过建立有效的沟通机制进行与被审计单位沟通和会计师事务所合伙人内部沟通，以此提出针对性的解决措施。审计工作底稿列明了详细的风险控制要素，项目监督和审计报告也提请会计师事务所进行重点关注。

3. 事后控制阶段

针对高风险项目的不同评级，建立四级或五级复核机制。对于高风险项目，由项目经理进行第一级复核，项目合伙人进行第二级复核，独立质监部门进行第三级复核,独立复核合伙人进行第四级复核,由会计师事务所设立独立的风险管理部和技术部等部门,对高风险项目进行第五级独立风险复核。五级复核过程中,对于不符合标准的项目,可由风险复核方对项目合伙人出具警示函,警示函可直接考核合伙人业绩,且业绩扣分比重较大。通过层层复核程序以及严格的考核制度,为会计师事务所的风险管理进行严格把关。

(四) 信息、沟通与报告

在信息技术环节,会计师事务所应加强建设和学习信息技术的应用。信息化是当前业务的发展趋势,会计师事务所可以利用技术手段获取有助于决策的信息,搭建风险预警平台;同时,需要完善审计信息化建设,强化会计师事务所软件管理体系、增设和开展信息化服务,利用信息化引导智慧审计的发展。

(五) 审阅与修订

会计师事务所需要评估重大变化审阅风险和绩效,通过测试现行内控运行或类似手段进行不断的风险机制改进。

三、建议

当前注册会计师行业普遍尚未建立标准且完善的风险管理体系,因而执业人员的行为约束主要依靠证监会的法律监管和中注协的自律组织。在外部机构加强对会计师事务所监管的同时,事务所也应该尽快引入和落实配套制度规范,建立风险观,加强风险管理。

(一) 细化证监会责任处罚规定

当前注册会计师的违法成本实际上较低,即使其负责审核签字的公司出现重大问题,当事人往往也只是被处以警告或罚款,并不会真正影响其在行业中的地位和其所在会计师事务所的持续经营。另外,大量的中小型会计师事务所逐步占据一定的市场地位，但我国的政府监管更多是针对行业中的领先事务所，例如国际"四大"和本土"八大"，这些监管措施对中小型会计师事务所并不完全适用，造成中小型事务所为抢占市场份额而进行恶性竞争。

因此，证监会应当设置违法违规行为的评估标准，根据违规行为造成的影响程度量化处罚性质和金额的区间。对于已经造成严重后果的注册会计师和会计师事务所，证监会应当按照标准规定进行严厉处罚，提高注会人员的违法成本。

（二）强化会计师事务所综合评价办法

中注协相继完善的《会计师事务所综合评价办法》对会计师事务所综合评价指标体系进行了丰富和改进，规范了填报口径、完善了惩戒处罚扣分事项、提高了各事务所之间评价结果的可比性。虽然已经对会计师事务所惩戒处罚事项进行了细化，加大了扣分指标的比重，将事务所最低分由 1 分提高至 2 分，最高分由 5 分提高至 8 分，但是，随着近几年证监会监管和处罚力度的不断加大，会计师事务所频繁受到处罚，其受罚事件对综合评价的影响比重也应该做出适当调整。

会计师事务所自 2016 年起受罚事件数量飙升，行业环境也在发生变化。在此情形下，中注协有必要加大对扣分指标的重视，重新评估会计师事务所综合评价指标的体系建设，与行业监管重点进行衔接。

（三）改进会计师事务所制度管理

为了让会计师事务所尽快引入和落实风险管理管理体系（COSO），建议事务所以五要素为出发点尽快补充相关的制度规范。

1. 会计师事务所治理规定

会计师事务所需要从治理层面、管理层面以及文化层面进行制度规范，建议会计师事务所至少应当建立以下制度条款：①会计师事务所章程、合伙人协议；②合伙人晋升与退出制度；③总分所管理制度；④行政管理制度；⑤人力资源管理制度；⑥财务管理制度；⑦合同管理制度；⑧资产管理制度。

在会计师事务所文化层面，事务所应首先对自身文化与价值观进行清晰明确定位，通过制度规范将事务所文化理念及内涵传达至各级员工层面，通过网络宣传等途径将事务所文化对外展现。

2. 会计师事务所战略与发展规划

会计师事务所需要明确发展战略，制定本所长期发展规划以及短期实现路径，配套出台战略与目标宣传和执行手册，供所内人员进行学习。

3. 绩效

针对会计师事务所绩效管理，事务所需要制定从业务承接到业务完成阶段的各项业务规范执行准则，应包括以下内容：①业务承接制度规范；②风险评估管理规范；③审计工作底稿规范；④重大会计审计事项底稿规范；⑤项目质量复核制度；⑥审计收费制度规范；⑦保密制度规范；⑧审计报告规范。

4. 信息、沟通与报告

会计师事务所需要制定明确的信息技术规范，包括信息技术开发、信息安全、审计软件应用规范等；需要制定明确的沟通与报告规范，包括内部沟通程序、重大意见分歧解决方案等规范。

5. 审阅与修订

会计师事务所设立单独部门，对重大风险信息汇总及风险评估改进进行梳理和规范，定期报告各部门风险管理实施进程，通过不断反馈与调节进行持续改进。

国内大型会计师事务所应结合 COSO 风险管理框架分析其在风险管控制度设计和执行中存在的风险管理缺陷，探究影响会计师事务所风险管理的因素，构建适用于大型会计师事务所的风险管理体系，并进一步探讨外部监督环境的完善，用于引导国内大型会计师事务所完善自身建设，全方位提高风险管控能力，以期实现行业可持续发展和高质量发展。

6

新工具：国内大型会计师 事务所应用三精管理

　　2022 年 7 月 15 日，我①有幸在浙江杭州参加了宋志平教授"三精管理"的课程，阅读了他的《三精管理》等相关的书籍。结合当前所在的注册会计师行业，对与中国国内大型会计师事务所发展紧密相关的会计师事务所内部治理和管理，我尝试应用上述所学的理论框架进行了一些不成熟的探讨和思考，以期为国内大型事务所运用三精管理提出初步建议。

　　中国注册会计师制度诞生于 20 世纪初，主要服务于当时蓬勃兴起的民族工商业的发展。中华人民共和国成立后，注册会计师行业在国民经济恢复中发挥了积极作用。之后，随着逐步实行高度集中的计划经济，注册会计师行业发展一度中断。伴随着改革开放和社会主义市场经济体制建设的历史进程，注册会计师行业不断发展壮大，执业不断规范，服务国家建设的能力不断增强，作用日益凸显。注册会计师审计是市场监督体系的重要制度安排，在维护资本市场秩序和社会公众利益、提升会计信息质量和经济运行效率等方面发挥了重要作用。截至 2022 年 6 月 30 日，中国注册会计师协会有单位会员（会计师事务所）9 118 家，其中，有 96 家证券期货资格会计师事务所，获准从事 H 股企业审计业务的内地大型会计师事务所 11 家。个人会员超过 26

---

　　① 指作者本人。

万人，其中，注册会计师 107 483 人，非执业会员 153 891 人，全行业从业人员近 40 万人。注册会计师行业服务于包括 4 000 余家上市公司在内的 420 万家以上企业、行政事业单位。2021 年度实现收入 1 092.54 亿元，收入过亿元的会计师事务所 49 家；收入超过 5 亿元的会计师事务所 21 家，全部是证券期货资格会计师事务所。

宋志平做企业 40 年，其中做企业管理工作有 35 年——做了 7 年副厂长、10 年厂长、18 年央企的董事长。在企业工作过程中，他学了不少东西，最早学的是 MBA，后来又读了华中科技大学的管理博士课程，之后又去日本专门受过日本海外技术者研修协会（AOTS）组织的培训和日本产业教育。在此过程中，他进行了大量的企业实践。作为企业的管理者，宋志平在北新建材（北新集团建材股份有限公司）的时候，做了整理整顿、品牌建设和质量控制等工作。北新建材是一家优秀的上市公司，现在石膏板产品在全国市场占有率达 60%。后来他到中国建材（中国建材集团有限公司），推进大规模的联合重组，把上千家企业整合在一起，总结出了"五化管理""三五整合""八大工法""六星企业""格子化管控"等工法，最后凝结成"三精管理"。可以看出，三精管理来源于企业管理的实践，是实践的产物。

宋志平认为在企业里最重要的是两论，即实践论与矛盾论，实践论讲的是实践，矛盾论讲的是方法，实践和方法都至关重要。宋志平是一位深深扎根于企业实践的思想家，这对于立足企业、创业创造、创新创效的企业经营管理者们来说，是一种鼓舞与启迪。企业界人士认为，宋志平将其经管思想寓于简明的管理要诀之中，体现了大道至简，他的管理经营之道，被企业不同层次的管理者喜闻乐见、易于接受。他的三精管理，对企业的管理者们养成良好的工作理念、工作习惯、工作方法也是一种启发。宋志平的这套三精管理使他带出了两家世界 500 强企业，而且还是处于不同行业的、完全竞争领域的两家企业。三精管理带来的切切实实的效果是引人注目的，而且是值得深入研究的。宋志平就是这样的实战派，作为一位成功的企业家、理论家，学贯中西，善于借鉴、消化、吸收国内外先进的管理理论、经验，并在实践中形成自己的一套理论体系。他的三精管理已在社会上引起了广泛、持久、热烈的反响，企业家们纷纷表示，要把宋志平的管理之道，认真学思践悟，因为他总结出来的这些方法体系具有很强的借鉴指导意义，可以直接"拿来就用""一用就灵"，可以很快地应用于自己的管理岗位之中。

宋志平的三精管理具有非常好的延展性，不仅适用于产能过剩的传统制造业重组企业，也在一定程度上适用于大多数经营性企业，尤其对处在困境中的企业走出逆境、恢复成长有很大的帮助和指导作用，对助力企业再创佳绩发挥着积极的推动作用。

中国国内大型会计师事务所的管理者已经发现，如果结合实际积极实践三精管理，就能做成优秀的事务所。以"组织精简化、管理精细化、经营精益化"为核心的"三精管理"，来源于中国本土企业的长期成功实践，抓住了企业经营管理的关键要点，融合了中西方管理思想，具有很强的系统性、针对性和操作性。所谓"知易行难"。"三精管理"到底如何结合事务所实际运用？如何确保"三精管理"从管理思想到"落地生根""开花结果"？以下三条至关重要。

第一，树立"三个导向"，确保推进三精管理的方向"不跑偏"。

"三精管理"的实质就是"抓管理出效益"。推进"三精管理"，不是为了管理而管理，更不是不解决问题的"思想灌输"，而是要正确树立三个导向。

一是目标导向。首先，从"三精管理"的自身目标看，推进"三精管理"，总体上就是要建立和迭代优化科学、经济、高效的事务所操作系统，促进事务所高质量发展。其次，要以各事务所的战略目标为指导。"十四五"期间，优秀事务所尤其是国内大型会计师事务所都制定了雄心勃勃的发展规划。推进"三精管理"就是要强内功，降成本，提效率，促发展。最后，要量化"三精管理"工作指标。围绕"三精十二化"，结合事务所的现状，应该明确年度"三精管理"工作的量化指标。比如，某事务所 2022 年三精管理的指标就是同期降低成本费用 10%。围绕降低成本费用，进一步分解指标，落实到具体行动，半年内就取得了明显成效。

二是问题导向。首先，要找准问题。推进三精管理之前，必须全面、认真分析事务所的"短板"，不能盲目、机械地套用三精管理的工具和方法。比如，有的事务所经营问题大于管理问题，这时就应先从经营精益化入手。其次，要聚焦问题。"没有问题的企业就是倒闭企业"。要充分考虑事务所的管理基础、经营重点，聚焦特定问题并且把大问题拆解成小问题。比如，要解决经营精益化问题，不是简单地推行"业务归核化、创新有效化、市场细分化、价值最优化"，而是要选择重点，把重点再层层拆解到最小单元，以便基层单位更易操作和解决。最后，解决问题要依靠管理工法。"工法不是系统地讲理论，而是针对一个流程、一件事，推出一些便于操作和推广的实战工法。"这些管理工法既可以采取"拿来主义"，又应当总结提炼企业优秀的做法加以书面化、标准化。

三是"落地"导向。首先，要坚持"先试点，后推广"。不要急于全面铺开，可以先选择试点分所；通过试点积累经验，打造样板，用事实和效果说话。其次，要融合事务所中心工作。"三精管理"本身就是企业经营和管理的应有之义，不用单独另搞一套，加重基层单位负担。最佳办法是把三精管理融入事务所、部门年度的目标和中心工作中，一体推进。最后，要建立保障机制。核心是要建立组织机制，确保"有人组织，有人负责"；建立人才培养机制，确保全员懂三精、知三精、用三精；建立考评督办机制，实行"挂图作战"，确保三精管理工作不走形式，确保进度和质量。

第二，"三个理念"，确保推进三精管理的方法"不走样"。

三精管理提供了"六星企业""格子化管控""增节降""价本利"等多种方法。但是这些方法是可以动态调整的，并不是每个事务所都要严格按照这些方法去执行，而是要牢记三精管理的核心理念，用科学的理念来指导行动。

一是全员参与。三精管理涵盖了企业经营管理的方方面面，无论是企业的战略规划、经营战略，还是设备保全、员工的行为规范和精神风貌，只要看得到、想得到的地方，都是需要关注的。因此，每个人都是三精管理的践行者和维护者，实施三精管理必须从"人"上下功夫。实施三精管理的企业激发了员工"整个人"的才干和智慧，而没实施三精管理的企业可能只发挥了员工的"一双手"的作用。发动员工参与，最好的载体就是自主改善，鼓励各层级员工立足本职岗位，既关注浪费，又鼓励创新，充分发挥人的能动性。

二是持续改进。全员参与和持续改善都是精益管理的两大基石。事务所应紧盯细节、深入分析，不断发现问题，以持续创新的思维寻求突破、以精益求精的态度努力改进。不断挑战现状，时刻牢记三精管理的征程上没有最好，只有更好。持续改进的关键是熟练运用好PDCA和SDCA的工作方法。首先，采用PDCA循环对问题进行改进，然后采用SDCA方法将改进的成果予以标准化，使问题不会反弹。其次，当稳定在一个水平上一段时间之后，再次采用PDCA循环进行改进，然后继续采用SDCA来固化。如此循环往复，企业的管理水平就会稳步提高。这就像柳传志经常说的："撒一把土，夯实，然后再撒一把土，再夯实。"对照着来看，撒一把土就是"PDCA"的过程，而夯实就是"SDCA"的过程。

三是系统优化。三精管理的着眼点必须是全要素的，而不能割裂到每条业务线上各自推动。如果各自为政，只追求本业务线内极致的效率和效益，而不着眼于整个系统的布局、运转、优化、提升，那么就会导致"孤岛效应"，可能反而影响整个系统的效率和效益。因此，推进三精管理一定是先要想清楚顶层规划，由高层推动，不是单点式思考、运动式推进。

第三，"四个关键"，确保推进"三精管理"的结果有实效。

很多企业家讲，"三精管理"并不新鲜，也不深奥，但是确实很重要，也很有帮助。要真正确保"三精管理"的推进有结果，关键是做好以下四项工作。

一是加强顶层设计。首先，要综合企业组织、管理和经营的全方面，站在全局进行规划。其次，要有长远眼光，进行长期规划。因为，管理是慢变量，是"笨"功夫。最后，三精管理的规划企业主要领导要亲自参与，班子成员要集体审议，不能交给经营部门等负责就不管不问。

二是重点项目突破。结合企业实际明确的主题，通过重点项目突破，以自主改善为抓手，以项目管理为载体，以项目来带动三精开展，培养三精管理人才。比如某事务所，结合对标世界一流管理工作，狠抓降本增效，每个试点分所聚焦五个重点项目，通过量化项目指标，严格过程管控，聘请专业咨询机构辅导，确保了项目的高质量，让基层尝到了三精管理的"甜头"，增强了事务所推进三精管理的信心和决心。重点项目的负责人感慨说道："重点项目就是试验田、试金石。事务所年年有各种重点项目和中心工作，唯有三精的重点项目，有理论有实践，有面子有里子，值！"

三是强化组织保障。事务所作为管控中心，设三精管理领导小组，由首席合伙人担任组长，分管人事、财务、企管和技术的合伙人担任副组长，下设工作小组。业务部和分所作为"利润中心"，建立领导小组和工作小组，负责将三精管理工作逐级细化、责任传导。成员作为"成本中心"，落实上级要求，建立领导小组和工作小组，扎实开展三精管理具体工作。

四是务必持之以恒。"三精"是一项系统工程，需要久久为功，持之以恒，要向中国建材学习，十年磨一剑，二十年如一日。以"功成不必在我的决心"，以"抓铁有痕的干劲"，真抓实干，务求实效。

中国经济已经由高速增长向高质量发展转变，事务所如何提升组织的健康度、产品的竞争力和经营的整体效益？三精管理或许是一个不错的解决办法。要想成功导入三精管理，根本还是要回归事务所经营管理的基本面，按照常理做事务所，坚守"务实主义、专业主义、长期主义"，以内部的确定性应对外部的不确定性。

企业的强盛是国家富强的一个基石和缩影，拥有具有世界影响力的会计师事务所也是中国经济高质量发展的标志。路漫漫其修远兮，中国大型国内会计师事务所应上下求索，与审计工作的内在规律相一致，遵循行业发展的国际惯例，形成具有品牌影响力、控制力的高质量"六大"；推进事务所治理能力现代化，运用好三精管理，与国际大所的差距从望尘莫及到望其项背，甚至并驾齐驱，努力实现从模仿到创新、从追随到引领的发展阶段的新跨越。

7

新科技：国内大型会计师事务所数字化转型

随着经济的发展和科技的进步，信息技术取得了迅猛的发展并且被广泛应用到当前社会各个领域当中。由于经济环境的挑战、高新技术的发展以及市场因素的不断变化，注册会计师行业正面临着势不可挡的变革。认识到数字化转型的必要性和重要性，加快数字化转型步伐，注册会计师行业才能够顺应时代的发展，更好地服务企业，为中国经济的快速发展保驾护航。

一、对行业数字化转型的影响

（一）社会环境对行业数字化转型的影响

党的十九大对建设网络强国、数字中国、智慧社会做出战略部署，数字化的建设能够加快数字中国建设。国家主席习近平指出，"数字化为中华民族带来了千载难逢的机遇"，"我们必须敏锐抓住数字化发展的历史机遇"，"加快数字中国建设，就是要适应我国发展新的历史方位，全面贯彻新发展理念，以数字化培育新动能，用新动能推动新发展，以新发展创造新辉煌"。

智能时代的到来，大数据、云计算、人工智能和产业互联网技术正在不断创新和发展。智能时代计算无处不在、软件定义一切、数据驱动发展。注册会计师行业作为中国经济发展的重要组成部分，数字化转型已成为必然趋势。数字化扑面而来，注册会计师行业应积极调整状态，迎接机遇与挑战。

（二） 防疫政策对行业数字化转型的影响

2020 年，新冠疫情使得工作方式发生巨大改变，在线办公、视频会议、远程协同、数字化管理等互联网公司常见的数字化工作方式，在疫情和复工期间开始步入传统行业。在疫情防控新常态政策影响下，使人们更深刻理解到数字化转型的必要性。各行业在政策影响下，加快了数字化转型的进程。注册会计师作为企业的服务者、引导者，企业数字化的不断发展对会计师行业提出了更高的要求。

（三） 事务所规模化发展对行业数字化转型的影响

随着经济的快速发展，企业规模不断扩大，事务所的业务量增加，必将带动事务所从业人员的增加。大量人员的计划、招聘、考核、晋升管理，人员的分层培训管理，项目的风险管理，审计作业过程管理，报告的质控管理，内部沟通管理，如果还是依赖原有的表格流程化管理模式，已经很难应对事务所一体化、规模化所遇到的各类问题。内部治理作为事务所规模化发展的重要组成部分，内部治理所需的数字化转型成为解决各类问题的关键方式。

（四） 客户需求对行业数字化转型的影响

新时代新经济下事务所服务对象的经营新模式给事务所带来了新的挑战，如企业通过财务软件开发机构实现业务系统与财务系统对接，数据平台化；企业国外生产，国内销售的经营模式转变。会计师事务所与其所服务的客户的数字化水平相比，往往是有些落后的，因此事务所迫切需要融合信息技术，变革审计理念、方法与技术，创新行业服务内容与方式，重塑行业数字化形态，实现互联互通以及信息资源共享。

（五）科技发展赋能对行业数字化转型的影响

随着科技不断发展，信息技术的使用越来越常态化，科技发展赋能对审计创新存在巨大影响。审计工具升级方面，越来越多的企业为了更加贴合本企业的实际情况，采用定制化的财务软件，原有的审计方式可能无法适应审计工作的开展，促使会计师事务所对审计工具不断升级。审计方式创新方面，对于业务量大、业务模式复杂、财务人员数字化水平高的企业，传统的审计模式已无法完成高质量的审计工作，会计师事务所开始引入新的审计方式来完成特殊的审计工作。

二、行业数字化转型面临的挑战

（一）对数字化转型的重要性认识不足

目前，注册会计师行业数字化转型理念落后，对推进数字化转型的重要性和紧迫性认识不足。经调查发现，部分中小事务所的负责人对事务所的数字化转型不了解也未进行过相关的工作。部分相对较大的事务所的数字化转型也仅仅处于计划和建设的初级阶段。许多注册会计师认为数字化转型只是处理会计方面的信息，目的是降低相关工作人员的压力；部分管理人员认为，现阶段的数字化水平已经足够了，没有必要进行接下来的更加深入的应用。一些事务所虽然更新过管理系统，在管理方式上仍然使用传统的方式，不愿意接受和使用新的管理系统。

（二）缺乏信息技术的专业人才

行业内计算机人才十分缺乏，既懂软件开发又同时掌握会计、审计技术的人才凤毛麟角。而审计软件的开发，数字化系统的应用、完善、维护、改进都需要这样的复合型人才，这样的人才需要协会及事务所自行培养。但当下事务所由于数字化转型重视程度不够和人力成本的控制，不重视复合型人才培养和相应投入，对数字化转型的推进造成严重阻碍。

（三） 事务所数字化转型与服务对象水平不匹配

对于事务所来说，数字化转型水平的高低，直接决定了其能否为客户提供优质高效的服务。注册会计师行业数字化转型水平必须要与客户的数字化程度相匹配，甚至要高于客户的数字化水平。而当前部分会计师事务所的数字化转型与客户数字化环境不相匹配，提供专业服务的数字化程度低。部分会计师事务所因对客户信息了解不全面，而导致不具备承接客户业务的能力，投入成本巨大来为客户提供专业服务，增加注册会计师的执业风险。

（四） 行业内数字化转型发展不均衡

行业数字化转型不仅是注册会计师协会的数字化转型，也不仅仅是事务所的数字化转型，更是整个注册会计师行业的数字化转型，中注协的数字化转型和事务所的数字化转型是一个数字化转型系统的两大方面。如中注协为事务所提供新业务拓展平台，还专门设了一个网页，但实际上这个网页点击率很低。本土会计师事务所的数字化转型水平与国际品牌事务所相比还有较大差距，国际四大会计师事务所已经在人工智能和机器学习方面有了自己的布局，而本土所在这些方面仍少有太大动作。

（五） 数字化转型的网络安全和数据保密问题

互联网本身具有交互性、开放性的特点，协会和事务所的业务系统中存放有大量的企业核心财务数据，数字化转型的网络安全和数据保密是行业数字化转型的关键问题。一方面，部分注册会计师不注重账户信息的安全，存在一个账户多人使用，可能引发数据被盗取的风险；另一方面是行业内的信息系统风险等级较低或系统升级更新速度缓慢，网络防火墙老旧，可能会引起大量的重要数据外泄，导致行业的公信力、执业素养受到损害。

（六）事务所内部信息共享机制不完善

实现审计信息资源的充分开发与利用是会计师行业数字化转型的关键，也是审计数字化转型的核心任务。由于事务所各个业务部门之间信息共享机制不完善，信息无法实现共享，存在"信息孤岛"，行业报备系统比较封闭，事务所不能有效对接和导入，大部分需要手工录入，效率较低下。

三、行业数字化转型的建议

（一）对协会的建议

1. 推进行业管理服务数字化转型

注册会计师协会应努力推进协会内部的数字化转型。完善协会办公管理系统，提升协会工作人员的工作效率。建立健全行业知识库，让全行业的审计人员有一个可依赖的数据检索系统。实现"多码合一"，并与中央推进的"多码合一"要求对接。从考生报名参加注册会计师考试开始，在行业里只有一个身份识别码，从考试、入会，到注册、培训、业务报备以及诚信记录，通过一个身份识别码，打通注册会计师整个职业生涯的数据流。对会计师事务所的机构编码也是一样，一码到底，以编码的统一和唯一来实现行业管理信息系统各个子系统的互联互通。同时，升级后的行业管理信息系统为会计师事务所以及相关部门等提供数据接口，实现相互之间的系统互联和数据共享。加强网络安全保障，为数字化转型保驾护航。以中注协和32家地方注协协同办公和管理为核心，建立协同办公系统，优化现有的管理组织结构，提升中注协与地方注协的内部管理运行效率，实现办公数字化、协作共享和绿色环保。

2. 提升会计师事务所数字化转型

充分倚重会计师事务所的主体作用，发挥注册会计师协会的战略引领和政策引导作用，出台相关的政策和指导性文件，强化对会计师事务所行业数字化转型的理论和理念，引导完善会计师事务所审计作业数字化转型和内部管理数字化转型的工作；组织事务所和相关供应商的信息系统建设实践交流，对接供需和优化服务；支持事务所搭建数字化平台，与协会数据库对接，实现资源共享，安排数字化转型交流座谈会，加强事务所之间的经验交流，加大宣传和培训力度。

3. 增强行业数据应用

发挥协会"桥梁与枢纽"作用，依托行业管理信息系统、协会网站功能平台，整合数据信息，构建数据中心，细化行业管理数据，建立大数据分析体系，提升行业数据挖掘分析应用能力。事务所要配合好注协，地方注协要配合好中注协。做到自成体系但又互相作用、互相利用，共同支撑起全行业的数字化系统。

4. 优化行业数字化转型发展环境

注册会计师协会应发挥引领作用，促进会计师事务所及服务对象与行业软件供需对接，打通审计软件与财务软件的数据壁垒，更好地为客户提供服务。开展行业 IT 治理，制定行业 IT 的审计工作制度，严格把控 IT 审计人员的专业能力和审计素养。加强行业数字化转型人才队伍建设，培养专业能力与信息技术双精通的高水平人才，为行业数字化转型储备人才资源。

（二） 对事务所的建议

1. 数字化转型理念常态化

会计师事务所管理层要有长远意识、危机意识和变革意识，直面信息革命的挑战和机遇，作出数字化转型战略安排，加大数字化转型投入，或利用国际网络的信息系统，或自主开发，或定制开发，实现数字化的普及和升级。从战略层面对数字化转型作出顶层设计，做到提前设计、全面设计、深入设计和委托设计。从业人员应加强数字化转型的重视程度，将数字化转型理念常态化，将数字化转型的学习和应用作为日常工作的一部分，利用数字化提高审计质量。

2. 制定数字化转型方案

会计师事务所进行数字化转型工作应有序开展，首先对本所现在所处的数字化阶段进行全面摸底，明确当前阶段重点和发展方向；其次开展数字化转型咨询规划，以数字化转型咨询规划为引领，通过系统的分析设计，为事务所提供更加明晰的数字化转型战略方向和落地路径；最后结合自身业务发展战略，清晰地知道自己想实现什么、想要什么，合理制定数字化转型方案。

3. 合理选择数字化转型咨询机构和软件开发机构

会计师事务所本身缺乏支撑数字化转型的专业人才，应合理选择数字化转型咨询机构和软件开发机构，能够更好地完成数字化转型。事务所在推进数字化转型的起步阶段，以及在购买部署软、硬件数字化转型产品之前，应聘请专业的数字化转型咨询机构进行咨询。选择数字化转型合作伙伴，在数字化转型生态体系中寻求专业机构支持，对合作伙伴、供应商进行精准定位、明智选择。参与顶层设计，协助建设单位确定数字化转型目标，规划数字化转型蓝图；根据顶层设计目标和数字化转型工程建设标准，对数字化转型项目建设实施监理；对建成的数字化转型系统进行评审，确保系统功能设计与业务需求相一致。事务所在推进数字化转型的实施阶段，应选择具备丰富行业经验的软件开发机构，充分理解事务所业务需求，才能真正实现技术落地。

8

新技术：审计行业会被颠覆吗？

技术进步一直是驱动审计发展的基础性力量。过去，计算机、数据库、互联网等技术的出现，曾经深刻地改变了审计的面貌；而今，大数据、云计算、区块链等新技术取得的突破性进展，又将审计推到了重大变革即将发生的前夜。许多人认为，这些新技术有可能颠覆整个审计行业。一种观点认为，新技术会导致审计需求大幅削弱，甚至完全消失，从事机械性、重复性工作的基层审计人员，将会因为新技术的发展而失业。另一种观点则认为，审计与鉴证职业不仅不会被新技术所取代，还会迎来新的发展机遇，审计师将会在新的生态系统中找到新的角色。新技术即将颠覆审计行业的看法，有待于进一步的商榷与讨论。

一、大数据、云计算、区块链的含义与特征

随着云计算技术的出现，大数据吸引了全世界越来越多的关注。哈佛大学社会学教授加里·金（2012）说："这是一场革命，庞大的数据资源使得各个领域开始了量化进程，无论学术界、商界还是政府，所有领域都将开始这种进程。"

（一）大数据的含义与特征

互联网数据中心（IDC）认为"大数据"是为了更经济、更有效

地从高频率、大容量、不同结构和类型的数据中获取价值而设计的新一代架构和技术，用它来描述和定义信息爆炸时代产生的海量数据，并命名与之相关的技术发展与创新。在大数据时代，不依赖抽样分析，而可以采集和处理事物整体的全部数据；不再热衷于追求数据的精确度，而是追求利用数据的效率；人们难以寻求事物直接的因果关系，而是深入认识和利用事物的相关关系。

（二）云计算的含义与特征

美国国家标准技术研究院（NIST）2009 年关于云计算的定义是："云计算是一种按使用量付费的模式，这种模式提供可用的、便捷的、按需的网络访问，进入可配置的计算资源共享池（资源包括网络、服务器、存储、应用软件、服务等），这些资源能够被快速提供，只需投入很少的管理工作，或与服务供应商进行很少的交互。"云计算的特征主要表现为：首先，云计算是一种计算模式，具有时间和网络存储的功能。其次，云计算是一条接入路径，通过广泛接入网络以获取计算能力，通过标准机制进行访问。再次，云计算是一个资源池，云计算服务提供商的计算资源，通过多租户模式为不同用户提供服务，并根据用户的需求动态提供不同的物理的或虚拟的资源。最后，云计算是一项可计量的服务，云计算资源的使用情况可以通过云计算系统检测、控制、计量，以自动控制和优化资源使用。

（三）区块链的含义与前景

区块链技术是利用块链式数据结构来验证与存储数据、利用分布式节点共识算法来生成和更新数据、利用密码学的方式保证数据传输和访问的安全、利用由自动化脚本代码组成的智能合约来编程和操作数据的一种全新的分布式基础架构与计算方式。

由于区块链具有的技术优势，它在经济和社会中具有广泛的应用前景，具备形成支柱性战略性新兴产业的潜力，更具有全面改造传统产业的潜力。区块链的出现有可能颠覆传统的商业模式与流程，消除对于中心化权威机构、各类中介机构的需求，从而遭受那些不愿意失去既得利益的组织和个人的反对与抵制。社会各界对于区块链技术的优势和局限性尤其需要保持冷静的认识，不应草率地否定区块链技术的潜在价值，也不宜对区块链技术的未来抱过分悲观的态度。

二、大数据、云计算技术对审计的影响分析

面对大数据、云计算技术的产生和发展，审计人员需要应时而变来适应由此带来的变化，分析大数据、云计算技术对审计方式、审计抽样技术、审计报告模式、审计证据搜集等技术和方法的影响。

（一）大数据、云计算技术促进持续审计方式的发展

传统审计中，审计人员只是在被审计单位业务完成后才进行审计，而且审计过程中并不是审计所有的数据和信息，只是抽取其中的一部分进行审计。这种事后和有限的审计对被审计单位复杂的生产经营和管理系统来说很难及时做出正确的评价，而且对于评价日益频繁和复杂的经营管理活动的真实性和合法性则显得过于迟缓。随着信息技术迅速发展，越来越多的审计组织对被审计单位开始实施持续审计方式，以解决审计结果与经济活动的时差问题。大数据、云计算技术可以促进持续审计方式的发展，使信息技术与大数据、云计算技术较好交叉融合，尤其对业务数据和风险控制"实时性"要求较高的特定行业，如银行、证券、保险等行业，在这些行业中实施持续审计迫在眉睫。

（二）大数据、云计算技术促进总体审计模式的应用

利用大数据、云计算技术，对数据的跨行业、跨企业搜集和分析，可以不用随机抽样方法，而采用搜集和分析被审计单位所有数据的总体审计模式。利用大数据、云计算技术的总体审计模式是要分析与审计对象相关的所有数据，使审计人员可以建立总体审计的思维模式，可以使现代审计获得革命性的变化。审计人员实施总体审计模式，可

以规避审计抽样风险。如果能够收集总体的所有数据，就能看到更细微、深入的信息，对数据进行多角度的深层次分析，从而发现隐藏在细节数据中的对审计问题更具价值的信息。同时，审计人员实施总体审计模式，能发现从审计抽样模式所不能发现的问题。

（三）大数据、云计算技术促进审计成果的综合应用

随着大数据、云计算技术在审计中广泛应用，审计人员的审计成果除了审计报告外，还有在审计过程中采集、挖掘、分析和处理的大量的资料和数据，可以提供给被审计单位用于改进经营管理，促进审计成果的综合应用，提高审计成果的综合应用效果。

（四）大数据、云计算技术促进相关关系证据的应用

从审计证据发现的角度来看，由于大数据技术提供了前所未有的跨领域、可供量化的维度，使审计问题大量的相关信息能够得以记录和计算分析。大数据、云计算技术没有改变事物间的因果关系，但在大数据、云计算技术中对相关关系的开发和利用，使数据分析对因果逻辑关系的依赖降低了，甚至更多地倾向于应用基于相关关系的数据分析，以相关关系分析为基础的验证是大数据、云计算技术的一项重要特征。审计人员应从长期依赖因果关系来搜集和发现审计证据，转变成为利用相关关系来搜集和发现审计证据。

（五）大数据、云计算技术促进高效数据审计的发展

随着大数据、云计算技术成为日常生活中的一部分，审计人员应开始从一个比以前更大、更全面的角度来理解被审计单位，将"样本＝总体"植入审计人员的思维中。相比依赖于小数据和精确性的时代，大数据更强调数据的完整性和混杂性，帮助审计人员进一步接近事情的真相，"局部"和"精确"将不再是审计人员追求的目标，审计人员追求的是事物的"全貌"和"高效"。

三、区块链技术对于审计需求的影响

（一）区块链技术与传统审计

审计师是一种信息中介，而审计本质上是一种由独立第三方提供的增信机制。区块链提供了建立信任的技术解决方案，即算法信任（袁勇和王飞跃，2016），使包括审计在内的传统增信机制，至少有一部分会被取代。区块链的广泛应用将会减弱对于执行交易、数据检查和验证的审计工作的需求，主要从事机械性、程序性的基础审计工作的人员，可能会失去他们的工作。管理层的估计和判断，很有可能需要先经过审计师的验证和认可，才能成为可在区块链上记录和存储的信息。至少目前来看，区块链技术无法取代审计师的专业判断。区块链技术无法消除对于财务报表审计的需求，审计师解决复杂专业问题的经验和专长，不仅不会贬值，反而有可能成为更为紧俏的商品。

（二）区块链环境下审计的转型与升级

如果交易和信息的真实性、完整性和准确性已经通过区块链的技术手段加以保证，审计师就没有必要把大量的时间放在交易和信息的复核和验证上。审计师可以从大量机械性、重复性的工作中解脱出来，把更多的时间和精力投向更为复杂和风险更高的领域（Dai and Vasarhelyi，2017），从而为审计业务的委托人提供质量更高、增值性更强的审计服务。

（三）区块链对于审计抽样的影响

区块链将使抽样审计方法的重要性大大下降，甚至失去其必要性（Dai and Vasarhelyi，2017）。从抽样审计到全面审计的转变，关键在于作为审计证据来源的所有信息，是否都可以转换为结构化的电子数据。

采用比特币等虚拟货币作为结算工具的公有链，已经实现了所有交易数据的电子化和结构化，对其实施 100% 的审计已完全具备技术可行性。

（四）区块链对于常规取证程序的影响

当区块链取代 ERP 等主流信息系统，并且业务数据、财务会计数据均已存储于区块链之中时，许多常规审计取证程序，如检查、函证、重新计算等，其重要性可能会大大下降，并有可能通过计算机程序自动执行。

（五）区块链对于审计报告时效性的影响

区块链技术的应用，被认为可以大大促进实时审计、持续审计的应用。德勤（Deloitte，2017）指出，当某一个行业的某一重要交易类别记录于区块链之上时，审计就有可能开发出基于区块链的持续审计工具。戴和瓦沙赖伊（Dai and Vasarhelyi，2017）则指出，区块链技术不仅可以实现财务信息近乎实时的报告，也可以使实时审计成为可能。区块链技术的一大优势是它重新定义了智能合同（袁勇、王飞跃，2016），而智能合同在实现持续审计、实时审计方面拥有极大的潜力。管理者和审计师可以把特定公司具体的控制协议（firm-specific contract protocols）进行编程并写入智能合同，然后由智能合同对会计记录或经营流程进行监控，从而支持智能、灵活和实时的审计范式（Dai and Vasarhelyi，2017）。

四、强化大数据、云计算、区块链技术审计应用的建议

（一）制定新技术审计应用的长远发展战略

应根据审计行业自身的特点，制定新技术审计应用的发展战略，在较短的时期内实现审计行业和实务的大数据化。这需要审计行业苦练内功，在现有的审计信息化成果的基础上，通过全行业坚持不懈的

努力才能完成，是一项广泛涉及技术和业务的复杂系统工程，必须在发展战略指导下有计划、有步骤地实施（马革，2012）。在战略框架指导下，审计行业协会应从数据、人才和技术等方面采取积极推进，逐步积累基础资源。

（二） 加快新技术应用的审计法规建设

新技术应用的合法性问题是审计立法面临的一项重要而迫切的课题。只有拥有符合其发展规律的法规支持，新技术应用才能成为审计人员依法审计的基础。不解决与新技术等信息技术应用相关的审计法律依据问题，新技术应用就很难在审计领域中真正展开。

（三） 建立行业云审计平台和大数据审计分析平台

云审计平台和大数据审计分析平台是以审计大数据为中心，实现远程存储和移动计算，减少数据移动带来的损耗。云审计平台和大数据审计分析平台可以通过云计算的 IaaS、PaaS 和 SaaS 三大服务模式实现相应的功能（张为民，2009），发挥审计行业优势，构建跨行业、跨领域的行业云审计平台，以 SaaS 服务模式为依托，建立大数据审计分析平台。

（四） 提高对新技术的认识和利用能力

在信息化环境下，数据量巨大且都以电子数据的形式存在，只有加强新技术的应用才会促进审计工作的顺利开展。审计组织要加强对新技术的培训以及培养审计人员发现和研究新技术的能力。新技术应用是审计人员综合能力的体现。审计人员只有拥有了良好的新技术，才能在审计工作中将数据利用发挥到极致。

这些颠覆性技术对审计行业是机遇还是威胁？尽管这种变化的速度将被许多人视为重大威胁，但如果能很好地运用它，这将是行业的大好机遇。毫无疑问，有些角色将被取代，然而，我们始终需要有技能的、能够进行合理判断的审计人员。在一个技术日益成熟的世界，谁来决定哪些信息应该输入支持技术的工具中，谁来解释和传达结果，谁将确保最终用户能够依赖这些工具的输出，并对如何减轻网络威胁等风险有一个可靠的理解是至关重要的。未来的高科技可以使审计人员在社会中发挥越来越重要的作用，带来前瞻性的洞察力、信任和判断力，利用技术革新提供的机会，审计将扮演一个非常令人兴奋和不可或缺的角色。

9

新人才：国内大型会计师事务所
补齐人才建设短板

当前，我国已经迈入新时代，经济发展已由高速增长阶段转向高质量发展阶段，处于转变发展方式、优化经济结构和转换增长动力的攻关期。注册会计师行业是以智力服务为特征的高端服务业，是国家构建现代经济体系的重要支撑和组成部分，人才是行业持续健康发展的核心和保障。当前行业人才队伍建设已经成为行业发展的最大短板，其主要矛盾为经济社会发展需要与行业人才队伍建设不平衡不充分的矛盾，突出表现为人难选、人难留，行业吸引力不强，人力资源管理水平不高，高端人才短缺等。能否补齐人才建设短板，解决好这个矛盾，关系到行业发展的前途和命运。北京作为首善之区，以北京注册会计师行业为样本进行分析，具有标杆效应和典型价值。

一、北京地区注册会计师人员现状及问题

截至 2019 年年底，北京地区正常执业注册会计师总数为 13 289 人，较上年同比增加 222 人，同比增长 1.70%，增长幅度为近 5 年最大。这与北京地区注册会计师考试通过人数连年增长，人才储备量不断加大，同时北京注协出台相关政策措施鼓励全科通过考生在北京申报执业等因素高度相关。截至 2019 年年底，全国共有正常执业注册会

计师 107 654 人，较 2018 年年底增加 856 人，同比增长 0.80%。北京地区执业注册会计师数量占全国总量的 12.34%，较 2018 年年底全国占比 12.24% 略有增加。①

（一）注册会计师知识结构分析

从学历结构看（见表 9 - 1 和表 9 - 2），2019 年本科学历注师②人数为 7 140 人，占注师总数的 53.73%，占比与上年基本持平。硕士研究生学历注师人数继续小幅增长，人数达到 1 871 人，占注师总数的 14.08%，同比增长 11.63%。博士研究生学历注师人数为 50 人，占注师总数的 0.38%。大专学历的注师人数继续呈下降趋势，人数为 3 514 人，占注师总数的 26.44%，同比下降 1.71%。大专以下学历的注师数量降至 714 人，占注师总数的 5.37%，同比下降 5.18%。如果分别赋予大专以下、大专、本科、硕士、博士 1 ~ 5 分，各年度注师学历加权平均分如表 9 - 2 所示，北京地区注师的整体学历水平连续五年保持小幅提升。

表 9 - 1　　　　　　　　2015 ~ 2019 年注册会计师学历结构及变化

年度	学历									
	大专以下	增长率（%）	大专	增长率（%）	本科	增长率（%）	硕士	增长率（%）	博士	增长率（%）
2015	836	- 3.80	3 667	- 1.90	6 777	0.18	1 428	1.85	54	1.89
2016	644	- 22.97	3 802	3.68	6 995	3.22	1 466	2.66	44	- 18.52
2017	614	- 4.66	3 791	- 0.29	7 030	0.50	1 518	3.55	44	0
2018	753	22.64	3 575	5.70	7 014	- 0.23	1 676	10.41	49	11.36
2019	714	- 5.18	3 514	- 1.71	7 140	1.8	1 871	11.63	50	2.04

---

① 数据来源于北京注册会计师协会。
② 为表述及行文方便，下文用"注师"代指"注册会计师"。

表 9 – 2　　　　　2015～2019 年注册会计师学历结构变化比例

指标	2015 年	2016 年	2017 年	2018 年	2019 年
大专以下占注册会计师总数比例	6.55%	4.97%	4.72%	5.76%	5.37%
大专占注册会计师总数比例	28.73%	29.36%	29.17%	27.36%	26.44%
本科占注册会计师总数比例	53.10%	54.01%	54.09%	53.68%	53.73%
硕士占注册会计师总数比例	11.19%	11.32%	11.68%	12.83%	14.08%
博士占注册会计师总数比例	0.42%	0.34%	0.34%	0.37%	0.38%
加权平均分	2.70	2.72	2.74	2.75	2.78

（二）　注册会计师执龄分析

如表 9 – 3 所示，2019 年，执龄 5 年以上（含 5 年）的注册会计师人数为 10 011 人，较上年同比下降 0.58%，执龄 5 年以上的注师数量连续两年出现下降，经验丰富的注师向行业外流失；执龄 5 年以下的注册会计师 3 278 人，较上年同比增长 9.34%，增幅明显。执龄 5 年以下注师数量近两年有较大幅度增加，近两年全科通过人数大幅增长，新报执业人数也相应增加。

表 9 – 3　　　　　2015～2019 年注册会计师执龄情况变化

年度	执龄 5 年以上（含 5 年）人数	增长率（%）	执龄 5 年以下人数	增长率（%）
2015	10 177	3.10	2 585	-12.55
2016	10 241	0.63	2 710	4.84
2017	10 264	0.22	2 733	0.85
2018	10 069	-1.90	2 998	9.66
2019	10 011	-0.58	3 278	9.34

（三） 注册会计师年龄构成分析

截至 2019 年年底，北京地区 30 岁以下的注册会计师数量激增至 1 208 人，占注师总数的 9.09%，较上年增加 415 人，同比增长 52.33%；31 至 40 岁的注师为 3 218 人，较上年增加 29 人，占注师总数的 24.22%，同比增长 0.91%；41～50 岁的注师为 4 870 人，占注师总数的 36.65%，较上年减少 63 人，同比下降 1.28%。51～70 岁的注师为 2 758 人，较上年减少 42 人，占比 20.75%，同比下降 1.5%；70 岁以上的注师为 1 235 人，较上年减少 117 人，占比 9.29%，同比下降 8.65%（见表 9－4）。截至 2019 年年底，注册会计师平均年龄 47.9 岁，较上年增长 0.1 岁。

表 9－4　　　　　　2014～2018 年注册会计师年龄构成及变化

年度	30 岁以下人数	增长率（%）	31～40 岁人数	增长率（%）	41～50 岁人数	增长率（%）	51～70 岁人数	增长率（%）	70 岁以上人数	增长率（%）
2015	995	3.11	3 484	-8.51	4 743	2.68	2 368	0.25	1 172	9.33
2016	948	-4.72	3 360	-3.56	4 939	4.13	2 446	3.29	1 258	7.34
2017	854	-9.92	3 254	-3.15	5 032	1.88	2 535	3.64	1 322	5.09
2018	793	-7.14	3 189	-2.00	4 933	-1.97	2 800	10.45	1 352	2.27
2019	1 208	52.33	3 218	0.91	4 870	-1.28	2 758	-1.5	1 235	-8.65

（四） 事务所合伙人／股东情况分析

北京地区事务所共有具有注册会计师资格的股东／合伙人 3 625 名，较上年增加 179 名，同比增长 5.19%。分析合伙人／股东的年龄结构，其中人数最多的中坚力量依然是 41～50 岁年龄段合伙人／股东，共 1 686 人，占比 46.51%；其次为 51～70 岁年龄段，共 1 214 人，占比 33.49%；70 岁以上的合伙人／股东为 405 人，占比 11.17%。这三部分年龄区间的合伙人／股东数量合计占比 91.17%。40 岁以下的合伙人／

股东为 320 人，占比 8.83%。

（五）注册会计师流动状况分析

2019 年全年新批注册 895 名执业注册会计师。新批注师较上年同期减少 59 人，同比减少 6.18%。其中 2018 年考试通过取得全科合格证申报人员 564 人，占全年总申报人数的 63.02%。

2019 年全年撤销注册 684 名执业注册会计师并回收证书。其中执龄 5 年内撤销注册的 365 人，占撤销注册总人数的 53.36%。撤销注册人数较上年同期减少 100 人，同比减少 12.76%。

2019 年全年共办理注师转所 1 531 人次，较上年同比增加 96 人次，同比增长 6.69%。其中市内转所 850 人次，占全部注师转所数量的 55.52%；北京转外省 350 人次，占全部注师转所数量的 22.86%；外省转北京 331 人次，占全部注师转所数量的 21.62%。注师在本市内转所比例同上年比略有提高，体现出本市注师的稳定性有所增强；北京转外省数量同上年比有所回落，同比减少 16.27%，外省转北京数量同上年比有所增加，同比增加 13.36%，说明执业注师外流趋势有所好转。

二、北京地区注册会计师行业人才建设的问题

会计师事务所的工作主要依靠审计师来完成，人力成本是各个事务所项目的主要成本构成。而会计师事务所最宝贵的资源是人才，如何培养人才、拥有人才、留住人才是会计师事务所，甚至于整个行业发展壮大的关键所在。

年度统计数据显示，尽管执业队伍总量保持总体稳定，但人才队伍建设形势依然严峻，突出表现在：行业吸引力持续下降，人员离职率水平居高不下，青年骨干外流严重，老龄化趋势日益凸显，40 岁以下注师数量逐年递减，70 岁以上注师数量多于 30 岁以下注师数量，注师平均年龄达到了 47.9 岁，人才质量对行业可持续发展的支撑作用逐步减弱。

对于审计师而言，会计师事务所的工作可能是繁重与乏味的，对于执业人员的身体素质也是一个挑战。在高压而薪酬不理想的情况下，很多从业人员只是把事务所当作跳板，在拥有工作经验后跳槽到企事业单位、其他金融服务机构。特别是积累了丰富的知识储备又不是合伙人的注册会计师，尤其包括业内经理级别的业务骨干及经验丰富的高级审计师往往都会在有丰富经验后选择跳槽，这样的情况是大中小事务所普遍存在的。同时，随着事务所内部人才的流失，近年来注册会计师行业队伍建设普遍面临着另一方面严峻的问题是对优秀应届大学毕业生的吸引力下降，由于会计师事务所社会地位的变化，社会群体大众对待事务所的态度也在变化之中，审计师作为高薪高端人才的观念不复存在，导致越来越多的优秀毕业生不再将进入大型会计师事务所作为职业规划的首选。

行业内计算机人才十分缺乏，既懂软件开发又同时掌握会计、审计技术的人才凤毛麟角。而审计软件的开发，信息化系统的应用、完善、维护、改进都需要这样的复合型人才，而这样的人才需要协会及事务所自行培养。但当下事务所由于信息化建设重视程度不够和人力成本的控制，不重视复合型人才培养和相应投入，对信息化建设的推进造成严重阻碍。

随着会计师事务所国际化、多元化的发展，能够满足在国内及国际业务之间游刃有余的高水平的国际化复合型的专业人才持续紧缺。当前专业人才的缺失成为了会计师事务所的头痛问题，大大制约着会计师事务所的发展进程。

三、注册会计师行业人才建设的建议

面对我国经济发展由高速增长阶段转向高质量发展阶段，按照"五位一体"总体布局和"四个全面"战略布局的要求，需要行业建设一支高精尖人才队伍，这就必须确立新时代的人才队伍建设理念。理念是行动的先导，管全局、管根本、管方向、管长远，是队伍建设思路、建设方向、建设着力点的集中体现。为此，应树立强化政治引领，保证人才队伍建设方向正确；练好内功，全面提高专业胜任能力；开展行业现代化人力资源管理人才培养项目，聚力打造行业复合型高端人才等人才建设理念。

要按照党的十九大报告的要求，坚持党管人才的原则，充分发挥党的思想政治优势、组织优势和密切联系群众优势，加强和改进行业各级党组织对人才工作的领导，创新党管人才的方式方法，为深化行业人才队伍建设提供坚强的政治和组织保证；要坚持问题导向，具体问题具体分析，针对人才工作中"选、用、育、留"各个环节，深入剖析，找准症结，对症下药；坚持齐抓共管，充分发挥协会统筹协调和事务所主体作用，形成各司其职、各负其责，同心协力、上下联动的人才工作格局。

发挥政治引领作用，保证行业人才队伍建设方向正确。各级党组织要在人才队伍建设中发挥牵头抓总作用，谋划大局，把握方向，解决问题，整合力量。坚持用习近平新时代中国特色社会主义思想武装头脑，教育引导广大执业人员勇于担当，奋发有为，坚定专业报国的人生追求，在服务国家建设中贡献专业力量。加强组织关心关爱，政治上激励、工作上支持、待遇上保障、心理上关怀，努力营造全行业识才爱才敬才用才的浓厚氛围，聚天下英才而用之。

发挥协会统筹协调作用，优化行业人才队伍建设环境。始终把加强行业人才队伍建设摆在突出位置，多措并举，夯实人才建设的内外部环境，提高行业凝聚力和向心力。一要争取政策支持。借助北京市服务业开放先行优势，积极向政府部门反映行业发展特别是人才队伍建设中存在的突出问题，推动相关政府部门出台吸引优秀人才加入行业的优惠政策，如应届生落户政策、优秀人才引进政策、廉租房及租赁型集体宿舍政策等。开展与大型房地产中介组织的合作，帮助解决住房问题。二要讲好行业故事。加强行业传播能力建设，制作宣传片，继续组织行业专场校园宣讲活动，开展与新闻媒体合作，加大行业发展成就和社会贡献的宣传报道力度，增进公众对行业价值和服务能力的认知，提升注册会计师的职业荣誉感和社会认可度。三要做好人文关怀。从会费中拿出一部分专项资金，用于注册会计师考试奖励、员工及家庭变故救济、改善会员体检、提供心理健康调查和服务等，把协会热情关心执业人员做实做好。四要健全人才培养体系。加大师资团队建设及培训信息化建设。继续开展现代人力资源管理人才培养线上线下项目。突出行业高端人才和青年骨干培养。加强后备人才培养，继续开展"走进校园"职业技能项目，高质量办好注册会计师考试考前辅导班。五要推动法治建设。以举办法律法规知识培训、发布相关提示、开展法律问题咨询、提供劳动用工合同文本及规章制度范例等方式，促进行业增强法治意识，保护执业人员的合法权益。

发挥事务所主体作用，推进行业人才队伍建设取得新突破。"人材者，求之则愈出，置之则愈匮。"事务所既要重视市场，更要重视人才，正确认识业务发展和人才培养的关系，运用唯物辩证法正确处理好舍与得、增与减的关系，在人才队伍建设方面，一定要从思想认识和具体行动上来一个根本转变。一要努力提高人力资源管理水平，坚持制度先行，加快形成有利于人才成长的培养机制、有利于人尽其才的使用机制、有利于竞相成长各展其能的激励机制、有利于各类人才脱颖而出的竞争机制，构建具有竞争力的人才制度体系。二要尊重人才成长规律，下大气力解决人才队伍结构性矛盾，构建完备的人才梯次结构，培养造就一支职业道德过硬、专业素养一流、具有全球视野、适应新时代发展需要的执业队伍。三要关心员工诉求，加大对员工理解和支持，建立健全物质关爱、文化关爱、心理关怀、情感关爱体系，建立更加富有弹性、人性化、亲情化的管理机制，增强执业人员的获得感、归属感和幸福感，让他们安心、安身、安业，更好履职奉献。

"功以才成，业由才广。"人才是第一资源，是行业发展的基石。新时代要求我们必须树立强烈的人才意识，牢固树立人才引领发展的战略地位，全面聚集人才，着力夯实行业人才基础，补齐人才建设短板，实现行业高质量发展。

10

新营销：国内大型会计师 事务所市场营销

看到陈振忠教授所提的问题，如何评价已故世界著名商业大师德鲁克的这句名言："企业的目的是创造客户。因此，企业有且只有两个基本功能：市场营销和创新。市场营销和创新会产生结果，其余的都是成本。市场营销是企业独一无二的功能。"我马上拿起书桌上《管理的实践》这本打好管理学根基最重要的一本书，重读它的已反复读过很多遍的第5章："企业是什么"。

这句名言有五个关键词，分别是：企业、客户、营销、创新、成本，核心是客户，营销是功能，根本是价值。企业唯一能创造的价值来自客户，是客户决定了企业是什么，而营销是企业的独特功能，是企业为自己所选择的客户创造价值的一个过程。满足客户需求是企业创造价值的途径，只有选择、提供和传播优异的价值，"企业才能存在"。

企业要生存必须向客户交付价值并能有相应的利润，而利润是收入与成本之差额。企业收入这种结果来自营销和创新，其余的都是成本。企业的生存依靠营销，企业的长远和可持续发展依靠创新，营销是发现和创造客户需求，创新是不断满足客户需求。著名经济学家熊彼特说过：利润，是市场对创新者的奖赏。

这句名言深刻地揭示了企业的本质和目的，提出了企业生存与发展的根本途径，唯一的实现方法就是营销和创新的有机融合。以此为出发点，分析当前中国大型会计师事务所和我所在企业北京兴华会计师事务所的市场营销存在的问题和挑战，并提出相应的对策和建议。

一、会计师事务所是一个企业组织

正如德鲁克的这句名言所说，市场营销是企业独一无二的功能。

企业之所以有别于其他组织，是因为企业会营销产品或服务，而教会、军队、学校或政府都不会这么做。任何通过营销产品或服务来实现本身目的的组织都是企业。任何一个不从事营销或偶尔从事营销的组织都不是企业，也不应该把它当成企业来经营。

中国的会计师事务所是依法独立承担注册会计师业务的中介服务机构，是由中国注册会计师组成的，受当事人委托承办有关审计、咨询等方面业务的组织。截至 2022 年 9 月末，全国会计师事务所共 9 034 家，分所 1 275 家，执业注册会计师 98 670 名。会计师事务所营销的服务主要是审计等鉴证业务，提供审计报告作为其产品，从委托人取得相应的收入。由于会计师事务所提供的鉴证业务有为公众利益服务的功能，常常被误解和定位为非营利组织，不被视作企业，从而与公众的期望产生很大差距和矛盾。而根据德鲁克的这句名言，会计师事务所经营和管理中重要内容和环节就是市场营销，需要持续营销鉴证业务这一产品，因此应该明确这么一个理念和结论：会计师事务所是一个企业，而不是一个非营利组织。

我国会计师事务所 5 年来通过专业服务，帮助 1 200 多家企业在国内成功上市，融资 1.1 万亿元；帮助 4.8 万家企业完成重大收购和兼并重组，涉及交易价值 15.8 万亿元；约有 290 家事务所参与"一带一路"建设，为我国"走出去"的 3 万多家企业提供遍及全球 200 多个国家和地区的全球化服务。全行业收入从 2015 年的 689 亿元增长到 2019 年的 1 080 多亿元，年均增长近 10%，高于我国经济增长率；超过亿元业务收入的事务所达 51 家。执业会员和非执业会员总数已突破 28 万。以成立于 1992 年的北京兴华会计师事务所（特殊普通合伙）（以下简称"北京兴华"）为例，事务所的员工 2 000 余名，注册会计师 700 余名，2020 年业务收入为 7.4 亿元，服务 5 000 多家国内外客户。北京兴华总部设在北京，经财政部门批准相继设立了 30 多家分所。

二、中国国内大型会计师事务所市场营销存在的问题和挑战

（一）市场营销理念落后，创新不足

会计师事务所"等靠要"思想严重，服务理念陈旧，仍然以产品审计报告为中心，而不是以客户为中心，贯彻"企业的目的是创造客户"，满足客户不断增长的需求。相较于非鉴证业务，鉴证业务依然是国内大型会计师事务所的主要收入来源，2019 年和 2020 年非鉴证业务收入占事务所总收入的比重在 14%～15%左右，且 2020 年相对于 2019 年占比下滑，非鉴证业务创收能力依然较弱，距离预期目标 40%有较大差距，与国际百强会计师事务所相比差距更加明显。在国际百强会计师事务所中，审计业务仅约占总收入的 35%、税务业务约占总收入的 27%、咨询业务约占总收入的 35%。北京兴华 2019 年和 2020 年非鉴证业务收入占事务所总收入的比重不足 10%，服务和创新能力远落后于客户的需求与期待。

（二）营销组织薄弱，客户关系管理差

企业市场营销不仅仅是市场部门的事情，也是全体企业人员的事情，应是全员参与营销。北京兴华会计师事务所虽然设立了市场营销部门，但只有三五个人。市场营销工作由合伙人各自负责，分别独立进行，没有系统、完整的市场营销战略，缺乏持续性，不能发挥市场营销的协同功能。客户由合伙人和部门负责，无全面完整的客户管理系统，不能对客户进行科学分类、系统管理，没有形成合力，无法跟踪服务和延伸业务。

（三）品牌影响力弱，国际化水平有待提升

会计师事务所品牌建设、服务质量的提升以及国际业务的拓展都离不开会计师事务所国际化水平的提升。但国内大型会计师事务所加入国际网络所的现状是 2020 年百强事务所中只有 36 家事务所加入了国际网络所，并且大多数并没有与国际网络形成实质的战略协同和资源共享。北京兴华 2003 年经财政部批准成为国际会计网络排名 10 名左右的马施云（Moore）的成员所，作为其成员所长达 15 年，没有使自己的品牌"兴华"独立国际化。2018 年与马施云分开后，进行了诸多尝试，但还没有找到与事务所适合的国际会计师网络，以提升北京兴华的国际化水平。

三、中国国内大型会计师事务所市场营销转型升级的对策

（一）转变观念，实施全员市场营销

会计师事务所作为企业，经营大于管理，而营销是最大的管理，正如德鲁克所言：市场营销是企业独一无二的功能。国内大型会计师事务所的市场营销不应只是合伙人的责任，事务所的每一个员工都应参与，了解客户服务客户，为客户提供价值。在价值的交付过程，从事务所的助理人员、项目经理到合伙人，从市场营销员、办公室人员到财务人员，都参与到客户的关系中，承担起市场营销的功能。甚至让客户也成为事务所的营销员，良好的口碑会带来新的客户。

（二）制定营销战略，客户关系全面管理

国内大型会计师事务所应分析本所的优势，按照事务所的发展战略制定适合自身的营销战略。国内大型会计师事务所应实施差异化战略，通过专业创造价值，做精做专，强化事务所的服务特色，满足客户多元化需求，从而在区域市场、细分专业服务市场的品牌识别度、

知名度和影响力得以显著上升。保持并不断提高在一个细分市场中的竞争力，在客户心目中占据一个特定的位置，形成独特的价值。

国内大型会计师事务所应对客户进行一体化管理，建立全所的客户系统，使客户真正成为事务所的资源。事务所建立和维护与客户的全面关系，提高客户的满意度，吸引或保持客户，将客户置于事务所组织机构的中心，通过客户价值增值，提升客户忠诚度，提高事务所的盈利和服务能力。

（三）创新驱动，持续国际化发展

智能化时代改变了传统市场营销模式和既有的技术，会计师事务所要不断创新，提升事务所服务的自动化、数字化和智能化程度，拓展新业务和优化业务结构，创造和满足市场有效需求，创新服务品种、拓展市场覆盖、转变服务方式、丰富产品线，逐步降低对于传统审计服务的依赖。在服务类型上，扩大咨询、税务、法律等非鉴证业务的比重，充分利用客户资源，拓展非鉴证业务，进而提高非鉴证收入占比。在服务对象上，拓展来自政府和非营利组织、战略性新兴行业和高科技企业、科技型中小企业等新型客户的业务收入；逐步融入国际化事务所市场，跟随中国企业走出去，以全球化的发展思维，发挥市场营销独一无二的功能，形成具有品牌国际影响力的高质量"六大"国内会计师事务所。

11

新品牌：国内大型会计师
事务所国际化

党的十九大以来，由于"一带一路"倡议、自贸区建设等各项政策措施的推动，中国企业加快了走出去的国际化步伐。企业的跨境经营需要国内大型会计师事务所一起走出去，担当起为中国的跨国企业审计、咨询等服务的重任，这就对国内大型会计师事务所品牌国际化提出了迫切要求。国内大型会计师事务所要实现有影响力、被国际认可的国际化品牌事务所的发展目标，须迎难而上，直面挑战，树立起全球审计市场的国际化品牌。

一、国内大型会计师事务所品牌国际化的现状

国际会计公报（International Accounting Bulletin，IAB）2021 年 3 月发布了 2020 年度最新全球国际会计网络排行榜和国际会计联盟排行榜，国际会计网络按照收入的排行。国内大型会计师事务所品牌中，信永中和国际、利安达国际继续上榜，分别列第 19 名和 21 名，比上年分别进步了 1 名和 3 名。国际会计联盟按收入的排行，大信全球首次参评，列第 14 名。而国内其他大型会计师事务所均加入了国际会计网络或国际会计联盟，没有以国内的事务所品牌进行排名。

从排名可以发现，国内大型会计师事务所与国际大型会计师事务所仍然存在很大差距，没有一家国内大型事务所进入排行榜的前 10

名，收入不到国际四大会计师事务所的 1/10，尚未形成一家有影响力的、品牌国际化的会计师事务所。具体数据可见来自中国会计视野的数据，如表 11-1 所示。

以北京兴华会计师事务所（特殊普通合伙）为例，其成立于 1992年，经过 30 余年的快速发展，已成为中国最具影响力的会计师事务所之一。事务所现有员工 2 000 余名，注册会计师 700 余名，2020 年业务收入为 7.4 亿元，服务 5 000 多家国内外客户。北京兴华总部设在北京，经财政部门批准，相继设立了 30 多家分所。北京兴华及下属机构开展审计、评估、工程造价、税务、管理咨询等各类业务。是第一批取得证券期货审计资质、金融业务审计资质的国内大型会计师事务所。2003 年经财政部批准成为国际会计网络排名 10 名左右的马施云（Moore）的成员所，作为其成员所长达 15 年，没有使自己的品牌"兴华"独立国际化。从 2018 年与马施云分开后，进行了诸多尝试，目前尚未找到有效之路。

二、国内大型会计师事务所品牌国际化发展中存在的问题及挑战

国内大型会计师事务所经过近 30 年的快速发展，取得了可喜的进步和不俗成绩，但与国际四大的品牌国际化程度相比还有着不容小觑的差距，并且近年来有差距越来越大的趋势。国内大型会计师事务所品牌国际化发展中存在以下问题及挑战。

首先，国内大型会计师事务所品牌国际化发展的动能弱。国内大型会计师事务所的收入 98% 以上来自国内业务，缺乏将事务所品牌国际化的内在动力，也没有事务所品牌国际化的长期战略计划和有效措施；国内大型会计师事务所的合伙人和注册会计师年龄结构严重老龄化，尤其是事务所高级管理人员年龄普遍偏大，树立品牌国际化的理念淡薄，品牌国际化能力严重不足；国内大型会计师事务所大多数合伙人相对独立，没有统一的考核体系，既没有形成品牌国际化的合力，

表 11 – 1　2020 年度全球国际会计网络排行

Rank	Name	Fee Income 2019（$m）	Growth（%）	Fee split（%） Audit & assurance	Accounting services	Tax	Advisory	Other	Year end
1	Deloitte	46 200.0	7	22	—	18	60	—	May-19
2	PwC*	42 448.0	3	41	—	25	34	—	Jun-19
3	EY*	36 394.0	6	35	—	26	28	11	Jun-19
4	KPMG*	29 750.0	3	38	—	22	40	—	Sep-19
5	BDO (1)	9 618.0	7	43	15	21	21	—	Sep-19
6	RSM (2)	5 739.4	7	38	6	32	22	2	Dec-19
7	Grant Thornton*	5 720.1	5	39	—	22	36	3	Sep-19
8	Crowe (3)	4 376.3	1	45	—	26	22	7	Dec-19
9	Nexia International*	4 262.5	7	34	17	26	11	12	Jun-19
10	Baker Tilly International (4) (5)	3 858.2	6	34	15	24	17	10	Dec-19
11	Moore Global (6)	3 045.1	-1	36	14	30	12	9	Dec-19
12	HLB (7)	2 933.1	5	33	15	26	21	5	Dec-19
13	Kreston International (8)	2 304.9	0	37	9	28	10	16	Oct-19
14	Mazars*	1 986.4	4	47	16	16	19	2	Aug-19
15	PKF International (9)	1 463.6	2	43	16	24	3	14	Jun-19

续表

Rank	Name	Fee Income 2019 ($m)	Growth (%)	Fee split (%)					Year end
				Audit & assurance	Accounting services	Tax	Advisory	Other	
16	ETL Global (10)	1 231.3	0	—	—	—	—	—	Dec-19
17	UHY International*	581.1	1	38	19	17	15	11	Dec-19
18	Russell Bedford International*	525.9	5	27	30	21	7	15	Dec-19
19	Shine Wing International*	489.3	8	67	8	9	16	—	Dec-19
20	Ecovn International (11)	421.5	2	17	28	28	13	14	Dec-19
21	Reanda International (12)	233.2	5	34	9	12	13	32	Dec-19
22	UC&CS America (13)	228.1	-1	15	—	69	16	—	Dec-19
23	TGS Global*	206.4	9	15	48	22	8	7	Sep-19
24	Parker Russell International* (14) (15)	200.8	20	30	35	20	10	5	Dec-19
25	Auren*	137.9	5	23	28	25	19	5	Dec-19
26	IECnet*	121.1	-14	26	29	20	17	8	Dec-18
27	SMS Latinoamerica*	78.2	2	33	15	31	16	5	Dec-19
28	FinExpertiza*	31.1	7	45	13	13	8	21	Jun-19
29	Kudos International (16)	26.5	6	29	30	12			
	Total revenue/growth	204 612.0	4						

资料来源：中国会计视野网站。

也没有品牌国际化的实力。北京兴华会计师事务所的收入 2020 年度 99% 来自国内业务，国际业务可以忽略不计。管理合伙人年龄在 50 岁以上，负责人已经过 60 岁，注册会计师平均年龄超过 40 岁，合伙人未能实现一体化管理和统一考核。

其次，国内大型会计师事务所业务类型与品牌国际化严重不匹配。国内大型会计师事务所的审计业务收入比重超过 80%，而国际四大会计师事务所的审计业务收入均低于 50%，主要业务收入已经来源于咨询；由于各国的会计和审计准则及其监管具有差异，审计业务难以国际化导致品牌难以国际化。北京兴华会计师事务所的 2020 年审计业务收入占比 92%，管理咨询业务很少，与走出去的企业服务需求严重不匹配，更谈不上品牌的国际化推广。

最后，更关键的是国内会计师事务所品牌国际化人才短缺，培养机制不健全。"功以才成，业由才广"，人才是国内大型会计师事务所品牌国际化的前提，是事务所能否走出去的关键。国内大型会计师事务所的薪酬待遇与国际四大会计师事务所差距较大，无法吸引到品牌国际化的高端人才。大多数国内大型会计师事务所没有设置品牌部门和品牌国际化的专职人员，没有建立事务所长远的内部培养规划和成长机制，有时费力费时培养的人才被企业或其他会计师事务所挖走，制约了国内大型会计师事务所品牌国际化的发展。北京兴华会计师事务所曾经设置品牌管理部，配备专职的品牌国际化人员，但由于业务匹配度和待遇等问题，不能用事业发展人才留住人才，使品牌国际化发展出现反复和制约。

三、国内大型会计师事务所品牌国际化发展的对策

国内大型会计师事务所国际化中应紧紧抓住中国企业走出去、市场全球化的机遇，以问题为导向，依靠自身努力打造国际化品牌，通过树立品牌国际化意识，建立健全事务所品牌国际化建设长效机制、培养品牌国际化建设人才，逐步增强国际市场的影响力。

第一，树立品牌国际化意识。品牌国际化是国内大型会计师事务所专业品质、服务能力、视觉标志等因素在国际上共同形成的、社会评价好、具有一定知名度的整体形象，是引领国内大型事务所有效开拓国际市场的重要指引。应进一步树牢对品牌国际化建设的认识，全面借鉴国内外会计师事务所品牌国际化建设过程中的实践经验和教训，加强理解品牌在事务所发展过程中的重要作用，增强事务所管理人员和从业人员品牌建设的紧迫感和自觉性。

北京兴华会计师事务所围绕什么是品牌国际化、为什么要建设国际化品牌、怎样建设国际化品牌等，开展了品牌国际化建设大学习大讨论，结合北京兴华会计师事务所自身实际思考品牌国际化定位、内涵、形象和实现路径。

第二，建立健全事务所品牌国际化建设长效机制。国内大型会计师事务所应制定和完善品牌国际化战略，要根据自身总体的战略、内部治理、管理制度、人力资源、企业文化等内部因素，以及国内外发展形势和环境、竞争对手状况、客户需求等外部因素，确定品牌国际化的定位、内涵和形象，形成与自身相适合的品牌国际化战略，建立健全品牌国际化各项制度，形成闭环式品牌国际化管理，建立品牌国际化建设长效化机制。

北京兴华会计师事务所适应目前行业发展趋势，制定"十四五"品牌国际化发展规划，加强境内外合作，积极发展国际业务。提高国际业务服务能力，逐步跟随客户走向国际市场，2021 年完成国际业务部设立，加入 Allinial 全球组织，承接国际成员所国内业务，设立新加坡分所，加强与亚太、美国、欧洲机构的业务合作，用 3 年时间形成国际业务合作网，为北京兴华品牌国际化发展提供强力支撑。

第三，培养品牌国际化建设人才。国内大型会计师事务所要在事务所合伙人中重点培养一批品牌国际化建设能手，明确一名管理合伙人负责品牌国际化建设，设立品牌国际化工作机构，到知名事务所现场观摩，开展品牌国际化建设岗位能手评选表彰、经验交流会和品牌国际化建设论坛等。国内大型会计师事务所的人才培训应该因人制宜，对于具有品牌国际化培养潜力的人员，应该充分给予其海外锻炼的机会，通过实践来进行培养，丰富其境外品牌国际化建设经验。

北京兴华会计师事务所借助国际平台及国际合作所，每年有目的地挑选一批具有大学以上文化、有一定外语基础的业务骨干和高级经理到境外进行品牌国际化专题培训学习，打造能胜任品牌国际化建设业务的人才团队。

企业的强盛是国家富强的一个基石和缩影，拥有具有世界影响力、国际品牌的会计师事务所也是中国经济高质量发展的标志。路漫漫其修远兮，中国大型国内会计师事务所应上下求索，以全球化的发展思维，形成具有品牌国际影响力的高质量"六大"，与国际大所的差距从望尘莫及到望其项背，甚至并驾齐驱，努力实现从模仿到创新、从追随到引领的发展阶段的新跨越。

12

新党建：基于共生理论的
会计师事务所党建

在全国第三批深入学习实践科学发展观活动中，中央把会计师事务所从非公经济和社会组织中单列出来，第一次将其作为一个完整的系统参加党的思想政治教育活动，作为新社会组织党建的突破口。成立了全国和省级行业党组织，初步建立了条块结合、充分发挥行业党组织作用的新体制，实现了党的组织和工作在行业的全覆盖。2011 年，注册会计师行业共有会计师事务所 7 900 多家，从业人员 30 万人，事务所党组织 3 225 个，党员 3 万多人。

在推进事务所学习实践活动和开展创先争优活动过程中，将活动的开展与行业业务发展相结合，解决行业发展的突出问题，推进行业科学发展。加强行业党建是行业科学发展的坚强政治保证，充分发挥党组织的战斗堡垒作用和党员的先锋带头作用，积极建立业务整改长效机制，以党建保发展，以发展促党建，切实做到党建和业务"两手抓、两促进、两提高"，取得突出成效。事务所党组织和事务所决策层、管理层的关系如何？大中小型会计师事务所及其党建工作是否具有不同的特点？党建工作与业务为什么能结合，结合的实际效果如何？如何达到利益的协调？是否存在合作和双赢的实现条件？这一系列问题的探讨既需要理论的支持，又要根据近几年党建开展以来相关数据的实证检验。

注册会计师制度是市场经济的产物，服务于经济社会发展，又随着经济社会的发展不断完善，两者是互生互动、共生共长的关系。事务所党的组织和事务所其他组织、员工之间也应是互生互动、共生共长的关系。为此，本文引入一个生态学的理论——共生理论，试图从一个新的视角，剖析会计师事务所这一系统的共生环境和共生模式，从而对党建工作和业务结合进行新的诠释，并尝试找到事务所党组织与其他机构达到和谐共生的双赢局面的途径。

一、共生理论的概念及基本原理

共生理论（Intergrowth Theory）由袁纯清（1998）直接将生物学的共生概念及相关理论向社会科学拓展，提出共生不仅是一种生物现象，也是一种社会现象；共生不仅是一种自然状态，也是一种可塑形态；共生不仅是一种生物识别机制，也是一种社会科学方法（萧灼基，1998）。

（一）共生的概念和要素

共生（intergrowth）一词来源于希腊语，在生物学中最早由德国生物学家德贝里（Antonde Bary）于 1879 年提出，是指不同种属按某种物质联系而生活在一起。由于世界是相互联系、相互依存的物质组成的，因此，共生现象不仅存在于生物界，而且广泛存在于社会体系之中，经济学上的共生就是指经济主体之间存续性的物质联系（萧灼基，2002），抽象地说，共生是指共生单元之间在一定共生环境中按某种共生模式形成的关系（袁纯清，2002）。根据共生概念，共生的要素包括共生单元、共生模式和共生环境，这三者构成了共生的三要素。

共生单元是指构成共生体或共生关系的基本能量和交换单位，是形成共生体的基本物质条件。如在菌类与植物的共生体中，植物（真核植物和原核蓝藻）和菌类（细菌和真菌）则是共生单元；在企业的共生体中，每一个企业员工都是共生单元。在一个行业中，每一个企业都是共生单元。不同的共生体中，共生单元的性质和特征是不同的，在不同的层次的共生分析中共生单元的性质和特征也是不同的，质参量和象参量是反映共生单元特征的两个参数。

质参量反映共生单元的内在性质，对任何共生关系中的共生单元而言，存在一组质参量，它们共同决定共生单元的内部性质，在这一组质参量中，各个质参量的地位是不同的，而且也是变化着的。一般在特定时空条件下往往有一个质参量起主导作用，称之为主质参量，主质参量在共生关系的形成中具有关键作用。象参量反映共生单元的外部特征，共生单元的象参量也不是唯一的，一个共生单元往往存在一组象参量，这组象参量从不同角度分别反映共生单元的外部特征。

共生单元之间的接触方式和机制的总和称为共生界面，它是共生单元之间物质、信息和能量传导的媒介、通道或载体，是共生关系形成和发展的基础。在共生关系中，既有无形界面，也有有形界面；既有单一界面，也有多重界面；既有内生界面，也有外生界面；既有单介质界面，也有多介质界面。共同的介质不仅是共生体之间相互作用的载体，而且是共生体与环境之间相互作用的载体。共生界面具有信息传输功能、物质交流功能、能量传导功能、在分工与合作中的中介功能。

共生模式也称为共生关系，是指共生单元相互作用的方式或相互结合的形式，它既反映共生单元之间作用的方式，也反映作用强度；既反映共生单元之间的物质信息交流关系，也反映共生单元之间的能量互换关系。反映共生单元的特征指标有共生度、共生系数、亲近度、同质度、共生密度和共生维度。共生关系在行为方式上，存在寄生关系、偏利共生关系和互惠共生关系（包括对称性互惠共生和非对称性互惠共生）；在组织形式上，存在点共生、间歇共生、连续共生和一体化共生等多种状态。

共生环境是指共生关系即共生模式存在发展的外生条件，共生单元以外的所有因素的总和构成共生环境。与植物共生的菌类存在土壤环境或水环境，植物存在大气环境及相关环境，与企业共生体对应的有市场环境和社会环境。环境与共生体之间的作用是相互的，环境对共生体的影响是通过物质、信息和能量的交流来实现的。根据环境对共生体影响的结果，可以分为正向环境、中性环境和反向环境。正向环境对共生体起激励和积极作用，中性环境对共生体既无积极作用，也无消极作用，反向环境对共生体起抑制和消极作用。反之，共生体对环境的影响也表现为三种类型：正向作用、中性作用和反向作用。

共生系统是指由共生按某种共生模式构成的共生关系的集合。共生系统的状态是由共生组织模式和共生行为模式的组合决定的，对共生组织模式和共生行为模式进行组合可得到共生系统的 16 个基本状态。对这些基本状态及其变化的分析，构成了共生系统分析与研究的基本内容；同时也为促进共生系统的优化指明了方向，即向一体化共生进化和向对称性互惠共生进化。

（二）共生理论的基本原理

共生理论的基本原理反映共生体形成与发展中的一些内在必然联系，是共生体赖以形成与发展的基本规则，主要有质参量兼容原理、共生能量生成原理、共生界面选择原理等。

1. 质参量兼容原理

共生单元之间只有具备某种内在联系才可能形成共生关系，共生单元之间这种联系表现为共生单元的质参量之间可以相互表达，相互表达的特性称为质参量兼容。如两个企业形成共生关系，其质参量之间的兼容，要么是技术的互补，要么是产品的供需，要么是资产的组合，等等。质参量兼容的方式决定共生模式。

2. 共生能量生成原理

共生过程中产生新能量是共生的重要本质特征之一。在经济系统，共生新能量表现为企业经济效益的提高、经济规模的扩大和经营范围的扩张。

共生能量是共生体生存和增殖能力的具体体现，是共生单元通过共生界面作用所产生的物质成果，是共生体及共生单元的质量提高和数量扩张的前提条件，不产生共生能量的系统是不能增殖和发展的。

3. 共生界面选择原理

在共生体中，共生界面的选择机制具有十分重要的地位，共生界面选择不仅决定共生单元的数量和质量，而且决定共生能量的生产和再生产方式。不完全信息条件下的竞争性选择是指对共生单元的相对性选择。所谓相对性选择是指对有限共生对象在排序中选择其中较优者；而绝对性选择是指对所有共生对象进行排序，选择其中较优者。完全信息条件下的非竞争性选择包括按亲近度规则和关联度规则进行的选择。由于信息的完全性，因而对共生对象进行直接排序成为可能。

共生体的最优发展是指共生能量最大而能量损耗最小的发展形式。共生选择原理集中反映了共生体与共生环境的关系。信息条件和密度条件往往是环境因素决定的，而不是共生体的内部因素决定的。

（三）共生的本质

1. 共生过程是共同单元的共同进化过程，也是特定时空条件下的必然进化过程。共同进化、共同发展、共同适应是共生的深刻本质。共生不是共生单元之间的相互排斥，而是相互吸引和合作；不是自身状态和性质的丧失，而是继承与保留；不是一种相互替代，而是相互补充、相互依赖。

2. 共生反映了组织之间的一种相互依存关系，这种关系的产生和发展，能使组织向更有生命力的方向演化。现代研究表明，共生导致的生物进化即共生导致的物种创新是生物界发展的基本源泉之一。在经济领域，这种共生关系将促进经济资源的有效配置，共生关系至少和竞争关系一样是促进经济创新、技术创新、制度创新的基本动力。

3. 共生关系反映了共生单元之间的物质、信息和能量关系，其产生与发展是物质、信息和能量关系作用的直接结果。一旦这种关系消退或丧失，共生关系就消退或丧失；一旦这种关系增强或加深，共生关系就增强或加深。共生关系的本质表现在共生过程将产生共生能量，这种能量来源于共生体对物质、信息、能量的有效生产、交换和配置，是共生单元、共生模式与共生环境共同作用的结果。共生能量体现共生关系的协同作用和创新活力。

二、会计师事务所党建和业务系统共生关系分析和研究

会计师事务所是指依法独立承担注册会计师业务的中介服务机构，是由注册会计师组成的、受当事人委托承办有关审计、会计、咨询等方面业务的组织。根据共生理论，会计师事务所是由员工、党组织和其他组织等组成的共生系统。其中，员工是系统的主体和核心要素，也是系统中最积极、最活跃的要素，是业务和党建的载体，是共生的主要物质联系，党建是党组织的主要行为，业务是其他组织的主要行为，研究党组织和其他组织的共生关系，主要就是研究党建和业务系统的共生关系。

（一）会计师事务所党建和业务系统共生单元

从系统的角度来看，会计师事务所是一个组织平衡体，包括合伙人之间、合伙人与员工之间、党员与非党员之间等不同成员及其相应组织。不同的合伙人是共生单元，合伙人与员工是共生单元，党组织和事务所决策机构、管理机构是共生单元。本文重点探讨党建和业务这一共生单元。

（二）会计师事务所党建和业务共生模式

会计师事务所党建和业务共生模式是指系统共生单元相互作用的方式或相互结合的形式，它既反映系统共生单元之间的作用方式，也反映作用强度。从近几年的实施情况看，部分会计师事务所，如北京永拓会计师事务所和国富浩华会计师事务所，在行为方式上党建和业务已形成互惠共生关系，在组织程度上成为一体化共生，二者以分工与合作为基础，产生新的价值，即党建和业务的分工与合作具有更高效率的物流、信息流和价值增值活动，不仅使党建和业务都能获得进化，而且使党建和业务之间形成新型关系奠定了共生机制基础，成为

有效率、有凝聚力、稳定的共生形态。但也有部分事务所，在行为上是寄生或偏利共生关系，在组织程度上是点共生或间歇共生，一般不产生新的价值活动，稳定性较差。

共生理论认为，互惠共生是共生系统进化的基本方向和根本法则，也是最佳激励兼容状态或称最佳资源配置状态。其他共生状态一般不可能达到帕累托最优状态，即使达到了这一状态也只是物质资源配置的最佳期状态，而不可能是包括人力资源在内的全要素配置状态。因此促进互惠共生关系的形成是任何共生系统包括事务所党建和业务系统相结合的必然要求，为事务所党建机制和制度建设、促进党建和业务这一共生系统的优化指明了方向。

按照共生模式的研究思路，通过深入探析影响不同类型事务所党建和业务系统的内在性质因素，概化出党建和业务行为的主要驱动因子，即界定出相应的质参量（如收入规模、党员数量、合伙人情况等因素），并优选出主质参量，进而可以计算出共生度与共生系数。基础的计算模型可以简单概括为：

给定共生单元：A（业务）、B（党建）；

其对应的质参量分别为：ZA、ZB；

共生度 $\delta_{AB} = \dfrac{dZ_A/Z_A}{dZ_B/Z_B} = \dfrac{Z_B}{Z_A} \cdot \dfrac{dZ_A}{dZ_B}$

对于主质参量 m，则有：AB 的共生系数

$$\theta_A^m = \frac{|\delta_{AB}^m|}{|\delta_{AB}^m| + |\delta_{BA}^m|} \qquad \theta_B^m = \frac{|\delta_{BA}^m|}{|\delta_{AB}^m| + |\delta_{BA}^m|}$$

通过不同情况下共生度与共生系数的计算，可以对党建和业务系统共生模式进行分类，为事务所党建机制和制度建设、促进党建和业务这一共生系统的优化进行量化研究。

（三）会计师事务所党建和业务共生环境

会计师事务所党建和业务系统各共生单元之间的关系即会计师事务所党建和业务共生模式是在一定的环境中产生和发展的。党建和业

务系统共生单元之外的所有因素的总和构成系统共生环境。党建和业务系统共生环境的存在往往是多重的，不同种类的环境对共生关系的影响也是不同的。按影响方式的不同，可分为系统直接环境和间接环境，按影响程度的不同可分为共生主要环境和次要环境。党建和业务系统共生环境的影响往往是通过一系列环境变量的作用来实现的。党建和业务系统共生环境相对于系统共生单元和共生模式而言是外生的，往往是难以抗拒的。

党建和业务系统共生的主要环境是经济制度环境。共生环境是和共生界面紧密相连的。党建和业务系统共生界面是共生单元之间的接触方式和机制的总和，是党建和业务系统共生单元之间信息物质和能量传递的通道，这种通道主要是机制和制度通道，是一种无形通道，党建与业务的交流必须在这种无形的通道内进行。因此，党建和业务系统的共生界面和共生环境是统一的，是有介质的共生界面。最重要的共生介质就是制定的创先争优综合评价指标体系，探索创建的"综合指标导引、分类自我评价、纵横定位定向、分级核实公开、管理持续优化"的行业自觉持续创先争优机制，涵盖了各种规模事务所、各种工作岗位从业人员，以及行业业务发展和党建工作各领域、各层面的基本内容，实现了党建和业务发展的有机共生，成为共生单元之间分工与合作的中介和载体，体现了共生的本质。

环境与共生体之间的作用是相互的，正向环境对共生体起激励和积极作用。因此，对于事务所党建和业务共生体应营造正向环境，这说明在注册会计师行业实施新业务战略的同时，加强行业党建工作的必要性。另一方面，共生体对环境的影响也可表现为正向作用，发挥事务所在业务和党建的主体作用，与环境形成良性互动至关重要。

党建和业务系统共生单元、共生模式、共生环境作为共生关系的三要素是非常重要的。党建和业务系统共生关系是由党建和业务共生单元、共生模式和共生环境相互作用的结果。在党建和业务系统共生关系的三要素中，共生模式是关键，共生单元是基础，共生环境是外部条件。共生模式之所以关键是因为它不仅反映和确定党建和业务共生系统共生单元之间的能量和交换关系，而且反映党建和业务共生系统共生关系对共生单元和共生环境之间的作用。

（四）党建和业务系统的共生收益分享、共生持续性研究

党建和业务系统共生界面的动力是收益，阻力是成本。只有动力大于阻力时，也就是收益大于成本时，才可能有物质、信息和能量交流，才能实现共生。共生能量用来描述共生单元、共生模式、共生环境相互作用的水平和效果，党建和业务系统共生的能量是给事务所带来收益的共生过程中所实现的人的全面发展。

在党建和业务共生的前提下，重点应关注其共生收益，即两者共同作用条件下，所创造的综合收益。借助于共生理论，可以证明共生收益的存在，进而着重分析不同共生模式下，共生收益的实现与分享机制，从而为党建与业务结合的研究提供新的思路和证据。

党建和业务系统的共生持续性主要关注其共生组织体——事务所是否可以持续性地发展，价值创造不断增加。

首先需要界定党建和业务系统共生持续性的条件与主要影响因素，明确党建和业务共同作用，从而发现事务所持续发展的机制与组织规则是什么，以及共生持续性的表现形式与经济后果。在此基础上，可以建立起一套分析事务所持续发展能力的整体性理论体系，该体系将为事务所整体质量的评价提供可操作性的工具，为学术领域研究事务所党建和业务行为起到一定的铺垫作用。

基于共生的基本原理及其近年来在经济领域的成功应用，结合事务所近期的党建与业务发展，党建与业务在本质上是一种共生关系，但在不同环境与条件的作用下，会呈现出不同的共生模式。目前存在的点共生与偏利共生和互共生惠与一体化共生只是两种共生方式，但并不是全部。共生模式的经济后果必然是共生收益的实现与分享，共生收益涵盖了业务与党建两个层面。共生模式是影响共生稳定性的重要因素，最终决定了共生持续性创造价值的能力，即共生持续性。

以共生理论为基础研究党建与业务关系，需要借用共生理论的研

究方法（包括共生度分析法、共生界面分析法、共生模式分析法等），计算共生度系数、共生界面特征系数、共生界面能量使用选择系数和共生界面非对称因子等指标和参数，从而更加深入地刻画不同类型事务所党建与业务之间的关系、行为选择及其经济后果。按照所提的研究框架，未来的研究方向可以概括为以下几个方面：①关注不同类型事务所党建工作的内在动因和外在因素，借此揭示党建与业务共生系统的本质和发展规律。②通过案例和实地调研分析党建与业务的共生模式，进而在理论分析和模型演算的基础上，归纳不同类型事务所党建与业务之间相互作用相互影响的行为类别及其依存条件。③以党建和业务共生系统的稳定性边界为切入点，研究互惠共生模式的特点，对创先争优评价指标体系的实施效果进行实证研究，从而为党建工作的持续、稳定开展提供理论支持和实现路径。④以共生理论为基础，对事务所发展的相关问题和领域进行研究，如对大中小型会计师事务所的共生关系进行研究，从而形成大中型会计师事务所共同发展的和谐格局；对合伙人的共生关系进行分析，从而为事务所的转制为特殊普通合伙企业提供理论和实践依据；对合伙人与员工的共生关系进行探讨，从而为事务所的人才培养和发展，为事务所的长远发展奠定坚实的基础。⑤用共生理论分析政府、行业等如何改变事务所及其内部共生因素，调整共生模式，创造正向共生环境，促进会计师事务所的全面可持续发展。

附　　录

附录1：每一滴汗水都孕育着梦想的种子
——我的会计工作二十年有感

改革开放 40 年意味着什么？对中国来说，是从一个经济落后、人民贫苦的国度成长为世界第二大经济体；对注册会计师行业来说，是从涅槃重生到跨越发展；对本书作者陈胜华来说，是从江西县城小学走向哈佛商学院的人生历程。中国改革开放大潮波澜壮阔、浩浩汤汤，作为一朵生于斯、长于斯的浪花，陈胜华及他所带领的事务所经历了怎样的起落、融合和向前？

一、被迫转行初识会计

陈胜华生长于江西一个小县城，从小成绩优异，擅长理工科。1987 年，全国高考改革，哲学专业进行了招生改革，可以招收理科类高考生了。作为一个理科生的陈胜华被北京师范大学录取，成为了一名哲学系的学生。这误打误撞的一次机遇倒成了陈胜华一生的财富。哲学讲究反思和超越，4 年哲学学习生涯中的很多具体内容，比如各种流派、主要哲学家、东西方思想等，陈胜华好像都已经忘记了，但是系统观、整体观和辩证法的观念却已经深深烙印在了陈胜华的脑海和思维中。跳出行业、不限于一域一事、再多想想，可能已经成了下意识的习惯。在陈胜华的 4 年大学学习生活期间，改革开放进行得如火如荼，中央提出了党在社会主义初级阶段"一个中心、两个基本点"的基本路线：以经济建设为中心，以四项基本原则为立国之本，以改革开放为强国之路。市场经济的春风吹遍了神州大地，大学校园也挡不住市场意识的冲击。学生们纷纷开始做起了小生意。有的做点小本买卖，倒腾点小商品，比如贺卡，袜子等。有一技之长的就靠技能赚钱，比如给别人照相，大学生们也算对生意、账和钱有了点基本概念。在人生中最美好的黄金年代，陈胜华收获满满。哲学专业的学习塑造了他一生的思考方式，改革开放的浪潮让他对市场经济有了最基本的认识。

1991 年，陈胜华大学毕业，被分配到了河北省委党校哲学教研室任职。经历了下学员部、下乡锻炼，是时候去教马列课了，这可能是每一个哲学学生最终的归宿。但个人必将被浩浩汤汤的时代潮流裹挟着前进。在那个每个人都在谈论经济发展的年代，没有一个遗世独立的存在，任何地方任何人都难以免俗。党校的本职工作是培训领导干部，提高他们的思想修养，用科学的理论来武装大脑。陈胜华以为他可能这一生就是教教马列课了，平淡但安稳。没有想到的是，河北省委党校也利用学校的优势，办起了经贸外语的学历班。要学习经贸外语，会计英语是必不可少的课程。由于人才的匮乏，整个学校居然找不到一个会计英语的老师。作为北京师范大学的高才生，陈胜华进行了一次试讲课。校长听了试讲课后十分满意，语重心长地鼓励开导道："你来吧，要勇挑重担。反正现在中国会计正在大改革，要执行新的'两则两制'，对所有人来说都是新东西，起点一样。"当时的陈胜华从来没有学习、了解过会计，英语还是高中、大学的底子。但当时河北省委党校实在人手不够，作为名牌大学毕业的陈胜华责无旁贷，同意试试。没承想，这一试就此改变了陈胜华的人生走向。

作为一个责任感强烈、追求完美的人，陈胜华接下了会计英语的教学任务，也承担了很大的压力，毕竟自己在会计上没有基础，只能一边自学一边教学生，心中常常觉得不踏实。白天伏案工作，晚上做梦都常常梦见要讲的课还没有备好。日有所思夜有所梦，教学压力过大的生活，陈胜华过了两年。对自己有严格要求的陈胜华实在是觉得名不正言不顺，一直寻找机会系统学习会计的专业知识。除了自己日常看书、学习、备课外，陈胜华还在暑假到中央财经大学上了暑期会计培训班。培训期间，和一位大学同学取得了联系。在和大学同学交流时得知，该同学已经成功转行了，而且该同学十分鼓励陈胜华也直接转行。经过一段时间的深思熟虑，陈胜华决定放手一搏，准备参加会计专业的硕士研究考试。挥洒了无数滴汗水后，陈胜华成功考取了中央财经大学会计专业的研究生。在工作两年后，陈胜华又回到了北京，真正开始了会计的专业学习。

二、主动改行相遇审计

　　1995 年，重返校园的陈胜华来到了一个和河北省委党校截然不同的新世界。在高校这片知识的海洋里，陈胜华像是婴儿吮吸母乳一般狠狠地吮吸着知识。教过两年会计英语，深知英语重要性的陈胜华在英语学习上下了很大功夫，每天早上都要听中国国际广播电台的英语节目；在美国外教的课上积极参与，给外教留下了深刻印象。外教十分欣赏这个勤奋好学的小伙子，在感恩节时邀请陈胜华等亲近的学生到家里过节。想起和美国外教一起过的第一个感恩节，陈胜华至今还忘不了那香喷喷的烤火鸡味道。由于是跨专业考研，陈胜华会计专业基础知识十分欠缺。陈胜华深知自己专业上的不足，不仅恶补财务会计、管理会计和财务管理等专业课程，还尝试着学习会计信息系统软件的编程。虽然课程沉重，但这样充实的日子让陈胜华感到安心踏实，终于有了回归正常状态的感觉，再不用担心害怕到在梦中惊醒了。

　　按照国家规定，研究生每个月能够得到国家几十元的补助。但是对于脱产读书、家境普通的陈胜华来说，这点补助实在是捉襟见肘，难以为继。幸运的是导师十分理解陈胜华的难处，知道其曾经在河北省委党校教过会计英语的工作经历，向其提供了一个给夜校大学生上会计英语课的机会。提到这段往事，陈胜华历历在目。当时的工资是一个小时 13 元，他由此度过了财政危机。由于有两年的党校教学的经验，陈胜华教起会计英语来得心应手，得到了学生们的一致好评。导师得知上课反响很好，就又安排陈胜华去教非会计专业本科生的会计选修课，仍然是好评如潮。于是陈胜华后来又陆续得到了讲课的机会，去给一些企业集团的会计人员讲座，甚至到北京市平谷区财政局的财会培训班去讲了一周的财务分析。上过陈胜华的同学们普遍反映其讲课声音洪亮，并且充满激情，是当老师的好材料，以后会成为一位好老师，甚至会计教授。得到大量肯定鼓励的陈胜华开始审视自己的职业生涯规划，认真思考以后是否要把当会计教授作为终身职业。

1996 年暑假，正值奥运会期间，大多数人都在关注精彩的奥运会赛事项目。陈胜华却在和注册会计师考试教材日夜相伴，准备在注册会计师考试的考场上进行一番厮杀。日日夜夜，酷暑不能阻挡陈胜华学习的热情。功夫不负有心人，陈胜华一次就通过了四门考试。注册会计师考试有着相当高的难度，曾被比喻为"中华第一考"，更何况对于跨专业读研的学生。一位正在中和会计师事务所当主任会计师的导师知道陈胜华一次通过四门考试后，大加赞赏，对其青眼有加，让陈胜华去中和会计师事务所实习。这难得的实习机会让陈胜华兴奋得彻夜难眠。初到事务所工作时的陈胜华对工作有着强烈的热情、持续的激动和久久不去的新鲜感。这让他的工作上手迅速，进步神速。因为在工作岗位上的杰出表现，后来又得到机会去了一家外资企业财务部担任财务经理助理。虽然得到了更好的实习工作机会，但是陈胜华对初到事务所工作时的新鲜、热情和激动十分怀念。陈胜华认为在会计师事务所的工作能激起他最大的工作激情，哪怕工作时间长，工作压力大，仍能甘之若饴。经年的学习和工作，无数日日夜夜的拼搏，不断的尝试，陈胜华终于找到了自己最爱的行业，这一次，他将奋勇向前，不再犹豫。

陈胜华主动放弃了原来当会计教授的规划，选择在北京的会计师事务所工作，期望自己成为一个专业的审计师。这份工作虽然更有挑战，却也更能激发出陈胜华的激情和能量。

三、积极入行转型管理

1999 年，改革开放迎来重要转变。九届全国人大二次会议在北京召开，通过了《中华人民共和国宪法修正案》，明确非公有制经济是中国社会主义市场经济的重要组成部分。会计师事务所也相应地面临着重大变革。在财政部的领导下，所有事务所必须按照国家要求，完全脱钩改制，会计师事务所不能再是某个挂靠或主管部门下的一个事业单位。人生的机遇、缘分真的是一件很奇妙的事情。当时，陈胜华原来讲过多年课的企业集团正好有一家下属会计师事务所要改制，希望能够找到一些年轻人把事务所继续发展下去。恰巧有几个志同道合的注册会计师也想一起干点事，国家在政策上又鼓励成立普通合伙制的会计师事务所，于是，陈胜华就此直接成为了会计师事务所的合伙人，开始了又一个艰难发展的新道路。所幸，这样艰难的岁月并没有持续太久。

2003 年国务院国有资产监督管理委员会成立，成为了国有资产改革的新起点。国务院国资委成了打理 7 万亿元国有资产的"超级大老板"，对中央企业进行了广泛的调查研究后，出台了《企业国有资产监督管理暂行条例》《中央企业负责人经营业绩考核暂行办法》等管理条例办法。国有资产监督管理委员会全面开展国有企业的清查财产、核定资金的工作，对企业的资产进行全面的清查和盘点，并核定企业为完成预定产销任务所需的资金量。并且加强了国有企业年度审计，绩效考核等财务监督工作。乘着经济改革的东风，会计师事务所进入了超越式发展的高速道。从 1999 年刚成立时，陈胜华既当经理又当合伙人，整个事务所十来个人七八支枪的窘迫状态迅速发展到了 100 多人和两三千万元业务的规模。在第一次中国注册会计师全国会计师事务所排名时，陈胜华带领的会计师事务所恰好排在第 100 名。

2008 年，中国注册会计师协会发布《关于推动会计师事务所做大做强的意见》指导文件。该文件提出，做大做强是注册会计师行业顺应我国社会主义市场经济条件下企业不断发展壮大和国际化发展的必然要求，事务所做大做强的总体目标是发展培育 100 家左右具有一定规模、能够为大型企业和企业集团提供综合服务的事务所，在此基础上，发展培育 10 家左右能够服务于中国企业"走出去"战略、提供跨国经营综合服务的国际化事务所。大势所趋，势不可挡，聪明的人选择顺势而为。为了提高自身服务质量，更好地服务客户，给员工提供更好的成长平台，陈胜华所在的事务所并入了北京兴华会计师事务所。北京兴华会计师事务所是 1992 年成立的一所实力雄厚的事务所，在股票发行与上市、企业重组、公司改制、国企审计及财务咨询等专业服务方面具有极强的实力和出色的业绩。成立十余年，北京兴华的业务收入一直保持着高速增长。2000 年经财政部批准，北京兴华会计师事务所正式成为马施云国际成员所，并自此跨入国际审计市场，为近 10家企业境外上市提供了审计服务，未来发展一片光明。

同在 2008 年，陈胜华也迎来了人生的新阶段。依据《全国会计领军（后备）人才培养十年规划》（财会〔2007〕8 号）有关规定，陈胜华入选全国会计领军人才主任会计师班学习，从此开启了弥足珍贵的前后长达 7 年之久的交流研讨生涯。这次珍贵的学习机会让陈胜华对自己有了更新的要求和更深的期许。为了让自己的管理知识更成体系，向更多各行各业的精英和优秀企业看齐，2014 年，陈胜华去中欧国际工商学院 EMBA 班学习。积极奋进，不忘初心，完成了一次向管理者的转身。

四十八年，如白驹过隙，弹指一挥间。从江西小城青年到名牌大学哲学生，从党校教师到会计硕士，从审计师到管理者，陈胜华经历了一个个的身份转换。而这些身份的转换，都与 40 年改革开放的历程息息相关，紧密相连。在陈胜华的带领下，兴华会计师事务所从成立到取得证券期货相关业务审计资格，从改制为有限责任公司到成为马施云国际成员所，从取得从事金融相关审计业务资格到合并多家会计师事务所，在各地成立分所，从未停止做大做强的脚步。

忆往昔峥嵘岁月稠。身处这样一个剧烈变化的时代，如在大海中冲浪，时代洪流浪起潮落，冲浪者需要敏锐看准汹涌大浪中的角度，全力以赴地把控好帆板的方向，尽力调整好自身的每个姿态，顺势而为，找准定位，积极进取。只要不断学习改进，不怕失败，无畏重来，定能砥砺前行，到达梦想彼岸。对陈胜华来说是如此，对兴华会计师事务所来说是如此，对经历了 40 年改革开放并将继续深化改革扩大开放的中国来说也是如此。

百年大变局的时代正徐徐展开，未来已来。新常态、新技术、新一代、万物互联、虚拟现实等新兴事物纷至沓来，颠覆迭代，让人应接不暇。万物皆变，唯一不变的只有改变本身。日新月异，昨是今非，既是机遇也是挑战。

附录 2：不忘初心 砥砺前行 融入新时代 和国家建设的洪流中

——读党的十九大报告的几点体会①

中国共产党第十九次全国代表大会 2017 年 10 月 18 日在北京隆重召开，习近平代表第十八届中央委员会向党的十九大作报告。报告提出，经过长期努力，中国特色社会主义进入了新时代，这是我国发展新的历史方位，我国社会主要矛盾已经转化，从全面建成小康社会到基本实现现代化，再到全面建成社会主义现代化强国，是新时代中国特色社会主义发展的战略安排。报告令人振奋深受鼓舞，又振聋发聩发人深省，处于中国新时代的注册会计师路在何方，如何不忘初心，再砥砺前行，结合自己的工作和经历有了一些粗浅体会。

一、事业与价值

报告指出：不忘初心，方得始终。中国共产党人的初心和使命，就是为中国人民谋幸福，为中华民族谋复兴。这个初心和使命是激励中国共产党人不断前进的根本动力。100 年前，十月革命一声炮响，给中国送来了马克思列宁主义。中国先进分子从马克思列宁主义的科学真理中看到了解决中国问题的出路，1921 年中国共产党应运而生。中国共产党一经成立，就把实现共产主义作为党的最高理想和最终目标，义无反顾肩负起实现中华民族伟大复兴的历史使命，团结带领人民进行了艰苦卓绝的斗争，谱写了气吞山河的壮丽史诗。

注册会计师的初心和使命，就是以诚信来为企业信息鉴证，让报

---

① 作者为北京兴华会计师事务所陈胜华。

表使用者放心。这个初心和使命应该成为激励事务所人不断前进的根本动力。审计是一个事业吗？为之奋斗的价值何在？《易经》有言："举而措之天下之民，谓之事业。"所谓"措"，是指安定，举措之间能使国家社会都安定了，叫事业。一个人，在自己的一生里所做的对人类世界有功劳的事情才被称为事业，找个工作赚钱吃饭不叫事业，譬如说，上到皇帝，下到乞丐都不是事业，而是职业。所谓一个事业，就是这件事情做了，起码影响 50 年、100 年，乃至千秋万世，真正的事业是为人类社会而做的。

注册会计师首先是一个职业，运用专业特长，对企事业单位会计信息进行审计鉴证，并提供会计、税务、管理咨询等商务服务的专业服务行业，是高端服务业的重要组成部分。注册会计师又不仅仅是一个职业，更不能成为商业，在提高经济信息质量、加强社会监督方面发挥着不可或缺的重要作用，日益成为市场经济诚信建设的重要保障和关键一环。

证券资格会计师事务所是资本市场的重要中介机构，发挥着会计信息"看门人"作用，其执业质量的高低直接影响资本市场会计信息披露质量，关系投资者利益保护和市场稳定发展。事务所应贯彻落实习近平总书记关于注册会计师行业"紧紧抓住服务国家建设这个主题和诚信建设这条主线"的重要批示精神，以诚信文化建设牵引带动事务所科学发展、和谐发展，带动提升事务所服务国家建设能力和发挥价值，就能融入一项伟大的事业中。

二、专业与坚持

报告明确：党的十八大以来，国内外形势变化和我国各项事业发展都给我们提出了一个重大时代课题，这就是必须从理论和实践结合上系统回答新时代坚持和发展什么样的中国特色社会主义、怎样坚持和发展中国特色社会主义。报告中旗帜鲜明地提出"十四个坚持"，在新时代坚持和发展中国特色社会主义的基本方略，才能更好引领党和人民事业发展。

注册会计师要成为专业人士，会计师事务所要做强做大，必须从理论和实践上回答在新时代如何坚持和发展中国的大型会计师事务所，有哪些是必须坚持和贯彻执行的。曾看过已逝的天坛医院著名神经外科大夫、全国优秀共产党员王忠诚的采访，谈到为什么取得这么大的世界级的成就，他说受益于一生就只干这一件事，甚至在八十高龄仍坚守手术台边。好的注册会计师就如良医，医的是企业的信息，如能专注于某个行业，成为行家里手，行业的点滴如数家珍，定能成就一番事业。

马克思主义认为事物都是从量变到质变，从一个阶段到另一个阶段，螺旋式发展。注册会计师亦不例外，同样是一个刻意训练就能进步的专业，只要专心投入就有结果，持续投入的够久，就能成为行家。一个大学毕业的审计助理，在事务所努力用心工作 10 年以上，就有可能成长为事务所的合伙人。我曾认识一个技术合伙人，已从事审计 20 余年，其间有幸专注于金融会计准则研究，终成这个领域国内顶尖专家。

三、卓越和未来

报告认为：中国特色社会主义进入新时代，我国社会主要矛盾已经转化为人民日益增长的美好生活需要和不平衡不充分的发展之间的矛盾。必须认识到，我国社会主要矛盾的变化是关系全局的历史性变化，对党和国家工作提出了许多新要求。中国注册会计师行业要在未来脱颖而出成就卓越，应尽快研究和明确新时代的中国注册会计师行业的主要矛盾，提出新要求。我们的主要矛盾是否也是服务对象日益增长的需要和事务所不平衡不充分的发展之间的矛盾，中国大型国内事务所能否与服务对象的发展同步，达到新的平衡；像许多中国的世界 500 强企业一样，充分发展，在会计审计市场取得真正的公信力，让全世界的主要资本市场认可？任重道远又迫在眉睫，既勇于担当又身体力行，才能解决好这个主要矛盾。

当前中国进入新时代，已成为世界第二大经济体，政府在大力简政放权，经济转型升级，实施"一带一路"倡议和"走出去"战略，稳步发展金融和资本市场，使中国会计师事务所面临难得的、前所未有的机遇。会计师事务所的战略愿景应该是努力发展成为与中国地位相称的会计师事务所，用二三十年的时间在世界的大型会计师事务所中有 2～3 家中国的事务所的品牌，在六大或八大中占有几席，为全球化的企业提供全方位的专业服务。

经过 30 多年的发展，国内事务所先做大，从一两千万元到 10 亿元以上。但大不一定强，当前最紧要的事情是真正练好内功，"打铁还需自身硬"，从商业转向专业，从工作转为事业，既尽力而为，又量力而行。一件事情接着一件事情办，一年接着一年干，将众多的志同道合理念一致的合伙人团结在这个美丽愿景下，全面实施一体化管理模式，以信息化为支撑，聚精会神建设适合中国国情的审计技术，制定出以核心员工为主的薪酬体系，打造出世界一流的中国品牌事务所。

使命呼唤担当，使命引领未来。我们应无愧历史选择，全身心投入到新时代中国特色社会主义的伟大建设洪流中，为中华民族的宏伟事业贡献出自己的一份力量。

附录3：因为专注所以专业　因为专业方能卓越

——谈如何成为专业的注册会计师

当前中国注册会计师正面临严峻的考验，"山雨欲来风满楼"，多家注会计师事务所和注册会计师被有关部门予以严重处理，处于中国新时代的注册会计师路在何方，如何不忘初心，再砥砺前行，让我深深思考和久久反思。

一、价值与专注

思想有多远，我们就能走多远。审计是一个事业吗？为之奋斗的价值何在？《易经》有言："举而措之天下之民，谓之事业。"所谓"措"，是指安定，举措之间能使国家社会都安定了，叫事业。一个人，在自己的一生里所做的对人类世界有功劳事情才被称为事业，找个工作赚钱吃饭不叫事业，譬如说，上到皇帝，下到乞丐都不是事业，而是职业。所谓一个事业，就是这件事情做了，起码影响 50 年、100 年，乃至千秋万世，真正的事业是为人类社会而做的。

注册会计师首先是一个职业，运用专业特长，对企事业单位会计信息进行审计鉴证，并提供会计、税务、管理咨询等商务服务的专业服务行业，是高端服务业的重要组成部分。注册会计师，在提高经济信息质量、加强社会监督方面发挥着不可或缺的重要作用，日益成为市场经济诚信建设的重要保障和关键一环。

证券资格会计师事务所是资本市场的重要中介机构，发挥着会计信息"看门人"作用，其执业质量的高低直接影响资本市场会计信息披露质量，关系投资者利益保护和市场稳定发展。事务所应贯彻落实习近平总书记关于注册会计师行业"紧紧抓住服务国家建设这个主题和诚信建设这条主线"的重要批示精神，以诚信文化建设牵引带动事务所科学发展、和谐发展，带动提升事务所服务国家建设能力和发挥价值，就能融入一项伟大的事业中。

二、行动与专业

通过多年摸索，有幸找准到方向，就一定要行动，而且是持续不断，坚持不懈。小时候听大人讲故事，说有一个懒婆娘，不喜欢梳头，到过新年时才梳一次，甭提有多艰难，有多痛苦了。逢人就说还好只是一年才梳一次，对别人说的每天都梳头感到不可思议。现在想起来像一个笑话，但细细品味，觉得其中大有深意。无论是学习还是工作，大致如此，要成专业水准更是不易，但如果不把难化到日常的一点一滴，恐只会难上加难，难于上青天矣，只好哀叹。

如何成为一个专业人士？作家格拉德威尔在《异类》一书中指出：人们眼中的天才之所以卓越非凡，并非天资超人一等，而是付出了持续不断的努力。一万小时的刻意练习是任何人从平凡变成超凡的必要条件，他将此称为"一万小时定律"。要成为某个领域的专家，需要一万个小时，按比例计算就是：如果每天专业的工作 4 个小时，一周工作 5 天，那么成为一个领域的专家至少需要 10 年。其实，天才也需要耗费至少 10 年的光阴来学习他们的特殊技能，绝无例外。每一行的专业人士，都投注大量心血，培养自己的专业才能。以学钢琴为例，如果想成为不错的业余钢琴家，至少需要专注投入 3 000 小时的训练，如果想成为专业水准，一万个小时是跑不了的。

世间之事，日积月累，从量变到质变，从一个阶段到另一个阶段，螺旋式发展，遵循着同一个道理。注册会计师亦不例外，同样是一个刻意训练就能进步的专业，只要专心投入就有结果，持续投入的够久，就能成为行家。一个大学毕业的审计助理，在事务所努力用心工作 10 年以上，就有可能成长为事务所的合伙人。我曾认识一个技术合伙人，已从事审计 20 余年，其间有幸专注于金融会计准则研究，终成这个领域国内顶尖专家。

三、卓越和未来

一个注册会计师和一家会计师事务所要能卓越，首先要顺势而为，择机而行。著名外科专家王忠诚在接受专访时说到成功秘籍，除了专注，还谈到命运的垂青。他曾是世界唯一完成开颅手术逾万例的医生，这个数字曾被国外同行误以为多写了一个零，王忠诚也因此被誉为"万颅之魂"。1985 年，他成功切除一例直径 9 厘米的巨大脑部动脉瘤，至今仍是世界上成功切除的直径最大的脑部动脉瘤，王老说只有在人口众多的中国才可能有这么多和这么难的病例。

当前中国进入新时代，已成为世界第二大经济体，政府在大力简政放权，经济转型升级，实施"一带一路"倡议和走出去战略，稳步发展金融和资本市场，使中国会计师事务所面临难得的、前所未有的机遇。会计师事务所的战略愿景应该是努力发展成为与中国地位相称的会计师事务所，用二三十年的时间在世界的大型会计师事务所中有 2～3 家中国的事务所的品牌，在"六大"或"八大"中占有几席，为全球化的企业提供全方位的专业服务。

中国特色社会主义进入新时代，我国社会主要矛盾已经转化为人民日益增长的美好生活需要和不平衡不充分的发展之间的矛盾。中国注册会计师行业的主要矛盾是服务对象日益增长的需要和事务所不平衡不充分的发展之间的矛盾，中国大型国内事务所能否与服务对象的发展同步，达到新的平衡；像许多中国的世界五百强企业一样，充分发展，在会计审计市场取得真正的公信力，让全世界的主要资本市场认可，任重道远又迫在眉睫，既勇于担当又身体力行，才能解决好这个主要矛盾。

经过 30 多年的发展，国内事务所先做大，从一两千万元到 10 亿元以上。但大不一定强，当前最紧要的事情是真正练好内功，"打铁还需自身硬"，从商业转向专业，从工作转为事业，既尽力而为，又量力而行。一件事情接着一件事情办，一年接着一年干，将众多的志同道合理念一致的合伙人团结在这个美丽愿景下，以信息化为支撑，聚精会神建设适合中国国情的审计技术，制定出以核心员工为主的薪酬体系，打造出世界一流的中国品牌事务所。

不忘初心，方得始终。注册会计师的初心和使命，就是以诚信来为企业信息鉴证，让报表使用者放心。这个初心和使命是激励事务所人不断前进的根本动力。使命呼唤担当，使命引领未来。我们应无愧历史选择，全身心投入到在新时代中国特色社会主义的伟大建设洪流中，为中华民族的宏伟事业贡献出自己的一份力量。

附录4：中国国内大型会计师事务所发展的几点思考[①]

"十四五"规划和2035年远景目标纲要指出，当前和今后一个时期，我国发展仍然处于重要战略机遇期，当今世界正经历百年未有之大变局，新一轮科技革命和产业变革深入发展；推动质量变革、效率变革、动力变革，实现更高质量、更有效率、更加公平、更可持续、更为安全的发展。为引领注册会计师行业高质量发展，统筹推进注册会计师行业改革发展各项工作，近日《注册会计师行业发展规划(2021—2025年)》（征求意见稿）发布（以下简称"规划"）。为探索未来行业发展本源和规律，结合行业发展规划和多年的工作经历，以历史和理论框架为视角，进行了一些不成熟的探讨和思考，以期为中国国内大型事务所的发展提出初步建议。

一、国内大型会计师事务所应树立做强做大、规模发展的坚定理念和目标

规划提出了打造10家左右社会公认信誉好、能力强、质量高且具有较强国际竞争力和影响力的大型优质会计师事务所品牌的目标。到2035年实现注册会计师行业发展水平与我国综合国力和国际地位相匹配，拥有一批全社会广泛认可的知名度高、影响力强的会计师事务所品牌。

注册会计师行业作为高风险行业，要提供高质量的"公共物品"，提高上市公司的会计信息质量，会计师事务所必须做强做大，进行大

---

① 作者为北京兴华会计师事务所陈胜华。

规模经营，才能提供与其目标相匹配的专业胜任能力。在主要的发达国家，上市公司的审计集中在前几大会计师事务所，有的甚至占90%以上的市场份额。而中国上市公司的审计市场却非常分散，亟须改变。大型国内会计师事务所应抓住这次难得的机遇，迅速做强做大，形成品牌影响力和行业聚集后的控制力，全面提升审计质量，尽快缩小与公众期望值之间的差距。会计师事务所做强做大，做大是基础，做强是核心，走向国际是标志。应在"做大"实现规模化，"做强"提高竞争力的基础上，以国际发展为方向，全面参与会计市场的国际竞争，在服务中国企业"走出去"战略的进程中，实现国际化发展的新跨越。

从本质上讲，一流企业的竞争就是一流人才的竞争。全球资源的整合归根到底是国际高端人才的整合。中国企业的发展方向就是要在世界范围内整合高端人才资源。这是最为重要的，也是难度最大的。但这是打造世界一流企业必须跨越的障碍，也是历史的必然趋势。有没有天下人才为我所有的战略视野，有没有天下人才为我所用的巨大胸怀，有没有天下人才乐为我用的文化包容性，都将考验我们民族和企业家的智慧。国内大型会计师事务所负责人须有高瞻远瞩的战略视野，怀着成为世界一流会计师事务所的坚定理念和目标，吸引和利用世界上优秀的"头脑"和资源，撷取全球各家所长"以强制强"，在迅速发展中解决当前存在的难题，吸取前期做强做大的经验教训，既不骄傲自满也不妄自菲薄，使事务所可能在短期内实现大跨度跳跃而跻身于世界一流企业之林。

二、会计师事务所应建立健全多数人管控为核心的风险管理体系

规划中明确要深化会计师事务所内部治理建设，推动事务所完善内部体制机制，持续提升一体化水平，真正实现人员、财务、业务、技术标准、信息系统的实质性一体化管理。在合伙人众多的会计师事务所，如何建立有效的治理体系至关重要。曾有一位资深的合伙人说

过，合伙人是不好管理的专业人士，因为选择会计师作为自己的职业，在事务所做合伙人的最显著的心理特征就是要自主。他选择的是一份职业，而不是一份工作。合伙人的另一个特点是他们之间没有等级之分。事实上这个等级是存在的，但要在面子上一视同仁，给予每个合伙人参与决策的权利。可以说，如果合伙治理文化做得好，事务所就是一个好的由良善的管理层控制、实行民主集中制的合伙企业；如果做得不好，那就可能是一个"专制型"模式，由"一个人或少数人"说了算。

会计师事务所，和国家、政府等组织相类似，本质上可以视为一个拥有共同奋斗目标的行为个体的总集合。合伙人通过合伙人协议成立会计师事务所，即与事务所共容利益有了交叉的地方，因此事务所通过文化、愿景的方式从思想层次影响人的思维，促成合伙人共容利益的一致性；以制度为保障，强制规范合伙人的行为，让其与共容利益更多的融合；借力于多种激励机制，如职位激励、奖金、荣誉等，磨合个人利益走向共容利益。

规划要求，应强化会计师事务所质量控制和风险管理。国内大型会计师事务所应结合 COSO 风险管理框架分析其在风险管控制度设计和执行中存在的风险管理缺陷，探究影响会计师事务所风险管理的因素，构建适用于大型会计师事务所的风险管理体系，并进一步探讨外部监督环境的完善，用于引导国内大型会计师事务所完善自身建设，全方位提高风险管控能力，以期实现行业可持续发展和高质量发展。

三、加快数字化转型，强化大数据、云计算、区块链技术审计的应用

规划确定了"行业数字化转型取得新突破"的行业发展目标，行业标准化、数字化、网络化、智能化水平明显提升，行业产业数字化和数字产业化发展取得明显进展。大型会计师事务所智能化升级有序推进，会计师事务所信息化投入不断加强。国内大型会计师事务所应

以战略思维加快数字化转型，全面提升系统能力。

应根据审计行业自身的特点，制定新技术审计应用的发展战略，在较短的时期内实现审计行业和实务的大数据化。在规划指导下，审计行业应从数据、人才和技术等方面采取积极推进，逐步积累基础资源。加快新技术应用的审计法规建设，只有拥有符合其发展规律的法规支持，新技术应用才能成为审计人员依法审计的基础。发挥审计行业优势，构建跨行业、跨领域的行业云审计平台，以 SaaS 服务模式为依托，建立大数据审计分析平台，提高对新技术的认识和利用能力，要加强对新技术的培训以及培养审计人员发现和研究新技术的能力。

企业的强盛是国家富强的一个基石和缩影，拥有具有世界影响力的会计师事务所也是中国经济高质量发展的标志。路漫漫其修远兮，中国大型国内会计师事务所应上下求索，与审计工作的内在规律相一致，遵循行业发展的国际惯例，形成具有品牌影响力、控制力的高质量"六大"；推进事务所治理能力现代化，与国际大所的差距从望尘莫及到望其项背，甚至并驾齐驱，努力实现从模仿到创新、从追随到引领的发展阶段的新跨越。

附录 5：信息化是事务所提升执业质量的"落脚点"

——专访北京兴华会计师事务所执行事务合伙人陈胜华①

北京兴华会计师事务所（特殊普通合伙）目前是中国前 20 强会计师事务所之一。自 1992 年成立以来，北京兴华在股票发行与上市、企业重组、公司改制、国企审计及财务咨询等专业服务方面具有较强的实力和出色的业绩，目前已有上市公司客户 40 余家。

北京兴华一直保持高速增长，2016 年业务收入为 9 亿元，全国行业排名第 16 位，拥有合伙人 130 人，分所 26 家。

"北京兴华近年来的快速发展离不开信息化的'功劳'。可以说，信息化建设是事务所做大做强、提升执业质量的'落脚点'。"北京兴华会计师事务所执行事务合伙人陈胜华说，2017 年是注册会计师行业的"质量提升年"，行业应以此为契机，进一步扎实推进行业信息化建设。

客户成长倒逼事务所推进信息化

近年来，我国企业发展迅速。作为服务机构，事务所要想提供优质服务，必须要跟上客户发展的步伐。以北京兴华为例，其服务的中国建筑工程总公司 10 年前只有几百亿元的年收入，而现在的年收入达到了 8 000 多亿元。

"客户的成长，倒逼我们事务所要具备服务大体量业务的能力，而具备这一能力的途径就是推进信息化建设。"陈胜华说，从另一方面来说，注册会计师行业信息化水平必须要与客户的信息化程度相匹配，

---

① 载于《中国会计报》2017 年 10 月 25 日。

甚至要求高于客户的信息化水平。

在陈胜华看来，会计师事务所与医院有很多有趣的相似点。例如，两者都是高风险行业，都是高度依赖个人经验和判断的职业。目前，人工智能在医学上发展很快，比如，基于海量的数据、快速强大的分析能力和学习能力，机器人做出的判断可能比主任医师还要准确。智能审计以后也会朝着这个方向发展，所以审计中的一些基础的工作完全可以交给机器人来做，他们甚至会比人做得还要好。

同时，信息化还可以帮助事务所更好地进行人力资源分配和培养。在会计师事务所，人力资源系统可以记载所内每个人的背景和优势等情况，随时都可以查到他们擅长做什么行业的业务。

"这一点是很重要的。因为审计行业有点像中西医结合，不仅需要做检查，还需要望闻问切。全科肯定做不了最好的大夫，大手术必须是有相关经验的人来做。所以，事务所执业人员不仅要有全面的知识，最好还要在一个行业里有相关的行业经验。"陈胜华说，比如，北京兴华有3 000多名员工，不可能靠人盯着，必须借助信息化的手段，才有可能对人才进行全面、精细化的管理，才能保证审计质量。

此外，从行业发展来看，事务所真正"做强"的落脚点就是信息化。管理水平的高低在于内部控制，而信息化就是要把管理标准化、流程化、表单化。

"信息化在表面上是手段和工具，实际上是质量落地的基础，是战略，事关生死存亡。信息化建设关系到事务所的生死存亡，关系到事务所饭碗的问题。可以说，信息化非常非常重要，非常非常紧迫。"陈胜华说。

建设风险导向审计的信息系统

事务所需要进一步信息化建设，这一点毋庸置疑。那么，如何推进？在陈胜华看来，体现审计能力的标准就是风险导向审计的信息系统。

"事务所在受到证监会处罚时，往往第一句话就是关于勤勉尽责问题。同时，每次监管机构来检查，基本都是检查会计师事务所是否做到了勤勉尽责。而信息化系统就记录了我们'勤勉尽责'的轨迹。借助鼎信诺信息化系统，我们可以很好地进行风险识别、风险评估、风险应对。所以，工作底稿是'护身符'，现在工作底稿、报告都可以很好地保存在系统里。"陈胜华说，此外，借助审计软件，提高效率不是目的，提高审计质量才是根本之道。简化工作，并不事关生死存亡，只有质量，才事关生死存亡。

据了解，北京兴华高度重视信息化建设，每年在软硬件方面投资近千万元，对工时管理系统、人力资源系统、审计作业系统进行了整合等。

"我们的信息化建设应该经历这样几个阶段：第一阶段是提高效率，解决取数问题；第二阶段是提高审计质量，让各个系统互联互通；第三阶段是智能审计系统和智能管理系统。"陈胜华说，北京兴华已经用了鼎信诺管理系统七八年了，第一阶段的部分鼎信诺已经做得很好了，基本上处于全国领先的地位，第二阶段和第三阶段是鼎信诺现在想帮助会计师事务所近几年解决的主要问题，今年鼎信诺也发布了全新的 ACE 审计作业管理系统。

对于过去几年的信息建设的感想，陈胜华总结为两点。一是内部管理流程进一步完善，人力资源管理系统进一步完善，事务所最关键的就是人。二是对时间成本的管理，要全面推广工时管理系统。期待审计作业系统能记录审计人员做了哪些工作，是否在做。业务管理系统 + 人力资源 + 工时管理 + 审计系统 = 智能审计大平台。

对于软件公司，陈胜华也提出了期望：软件公司要有真正懂审计技术的人员。要先有思想，才会有信息化。同时，需要 IT 服务商有系统整合能力，真正做到不同系统可以互联互通、发挥最大效率。除此之外，注会行业目前缺乏审计技术标准，先要夯实基础，总结审计经验，集中业内人力资源和优势经验，在相关部门统一领导下，把成熟的审计技术总结出来，做出标准，然后再在这个基础上进行升级。

对于人才需求，陈胜华认为，在信息化的大背景下，事务所最需要的是复合型人才，是既懂审计技术，又懂 IT 技术等的复合型人才。

附录6：实现人员统一调配　打造一个利润池
——《会计师事务所一体化管理办法》系列解读①

　　《会计师事务所一体化管理办法》（以下简称《办法》）要求事务所对设立的分支机构、内设部门、业务团队进行一体化管理。在人员管理和财务管理上建立并有效实施实质统一的管理体系是一体化管理的重要内容。

一、事务所治理和组织体系的核心

　　"近年来资本市场频发审计失败案例，为注册会计师行业敲响了警钟。行业内部多年积累的深层次矛盾在严监管的态势下开始显现。部分内部治理不成熟、松散、加盟、多利益主体的会计师事务所，就像'小舢板捆在一起的航空母舰'，经不起大风大浪。"信永中和会计师事务所首席合伙人谭小青表示，一体化管理是事务所可持续发展的保障，是事务所治理和组织体系的核心。《办法》对于解决行业目前的突出问题、推动行业高质量发展具有深远影响。

　　"会计师事务所的实际服务对象是社会公众，事关公众利益。因此，一定要坚持质量导向。"北京兴华会计师事务所高级合伙人陈胜华说，人力资源是事务所最根本的资源。看一个事务所是不是一体化管理，就要看能不能把全所的人员按照个人的专业能力进行相应分工、统一调配。

　　谭小青也表示："事务所属于智力密集型的专业服务机构，质量管

---

　　①　载于《中国会计报》2022年7月22日第3版。

理和风险控制有赖于合伙人和员工的职业道德和专业胜任能力，事务所的人力资源政策和程序是确保合伙人和员工具备良好的职业道德和专业胜任能力的重要制度保障。"

他认为，事务所要想实现财务和人力资源等的一体化管理，要优先解决以下几个问题：一是合伙人文化理念认同，道不同不相为谋；二是有理想和追求，要将事务所作为成就事业的平台，而不是作为挣钱的工具，先做事后逐利，事业成功后，利在其中；三是一个利润中心，形成利益共同体和风险共担体；四是公平公正的利益机制，形成和谐包容的合伙文化；五是统一的信息化管理平台。

二、推进人员管理一体化

在人员管理方面，《办法》提出，会计师事务所应制定统一的人员聘用、定级、晋升、业绩考核、薪酬、培训等方面的政策与程序。

谭小青认为，在制定和实施人力资源政策和程序时要关注两个重点：一是事务所管理层及全体合伙人要对人力资源一体化管理达成共识和认同，要在制度和利益机制设计上确保员工是事务所和全体合伙人的共同资源，不是某个合伙人的私有财产。二是事务所要建立全所统一的制度、流程和执行体系，包括但不限于统一的招聘定级、业绩评价和薪酬体系、全国统一的人员调配制度、统一的员工培训和职业发展体系等，并得到有效的顶层设计、资源保障和执行。

目前，在人员一体化管理的具体实施上，仍然存在诸多挑战。

谭小青认为，难点之一是如何有效整合被合并的团队，将"小舢板"变成真正的"航空母舰"。比如，对合伙人和团队实施实质性调整和整合，冲破合伙人与项目团队、合伙人和客户的利益绑定，实现合伙人对人员管理一体化的真正认同，对松散型事务所来说是个巨大挑战。信永中和自成立以来大小合并无数次，始终坚持一体化管理不动摇，对被合并团队按行业线分工进行整合、对客户和业务进行甄别取舍和人员调整，取得了显著效果。难点之二是在制定人力资源政策和程序时如何平衡风险和效率的矛盾。比如，有些事务所为了激励员工，采用项目提成的方式，效率有了，但是风险控制将是巨大挑战。

陈胜华对此也表示赞同："合伙人应该有共同的理想信念。合伙人的能力水平有大有小，创造的业务利润也会有多有少，但是一定要把质量优先、风险控制优先的理念贯彻到每一个事务所，大家才不会因为一点利益来谈吃亏与否的问题。"

谭小青介绍，信永中和在人员聘用、定级、晋升、业绩考核、薪酬、培训、奖惩和退出等方面均制定了全国范围内统一的政策、标准与程序，以此培育员工对事务所的认同感和归属感，而不是将员工局限于分部、部门等小团队中。人力资源管理一体化主要体现在总部制定统一的职级和薪酬系统，统一的招聘制度，人员任命和全国范围内调配流动，统一的绩效考核和晋升机制，统一的工时管理，统一的培训体系，统一的职业生涯规划等方面，并通过统一的信息化管理系统落地实施。

"信永中和北京总部具有部门设立、合并、调整、撤销的决定权。分所负责合伙人、部门负责合伙人、经理均由总部统一任命和调整。对合伙人实施全国统一的业绩评价、考核晋升和利润分配政策与标准，切实落实合伙人引入、提升、退休、劝退政策，保证合伙人队伍的整体素质。"谭小青表示，人力资源管理下一步的发展规划是数字化转型，配合审计作业模式转型，调整人力资源结构、用工模式，建设高端业务团队。

三、实现财务管理一体化

"财务管理方面，有效解决'各自为政''分灶吃饭'的关键是一个利润中心的利益共享机制。《办法》第八条的核心是建立全国一个利润中心，确保全体合伙人在统一的利润池中分配。"谭小青分析称，同时，财务上不得以承接和执行业务的收入作为合伙人及员工业绩考核的首要指标，引导合伙人和员工绩效考核以质量为导向。

陈胜华表示，当前国内事务所一大乱象就是做市场的比做业务的合伙人拿得多、做业务的普遍比做质量控制的合伙人拿得多。这是一个非常不正常的现状。在对合伙人业绩考核中，应该以质量为导向，综合考虑各种因素。

"一体化管理的核心是财务管理一体化，财务管理一体化的核心是真正做到全体合伙人利益共享和风险共担。信永中和在财务上实行高度一体化管理模式，实现全国一个利润中心，即建立一个利润池。公司没有实质股东，唯以能力贡献为标准，均按统一的考核体系，全体合伙人共同享有权益。"谭小青介绍，事务所在全国范围内依托财务信息平台，建立统一的费用审批制度、费用开支标准以及统一的预算体系、核算体系、资金管理体系。

具体来说，在会计核算与财务管理方面，除建立统一的核算体系和财务管理制度外，在预算管理、支出审批、费用开支标准、集中采购、收支两条线和资金集中等方面制定了全国统一的管理办法，并通过信息化平台实现管理。

一是建立了北京总部和全国各分所统一的网络核算平台，采用统一的财务核算系统，全国各分所财务数据集中在北京总部。北京总部可以随时通过核算平台了解和查询各分所财务数据，实现对各分所财务数据动态的实时监控。

二是在统一的财务核算系统的基础上建立全国统一的预算管理体系，将各分所纳入预算管理体系，并通过预算管理系统实现对全国各分所预算的实时动态管理。

三是建立网上银行资金管理系统，通过资金结算平台，实现对各分部收支两条线的管理。总分部开户银行相同，通过网上银行实现所有收款资金当天归集到总部，并按月预算下拨。各分所财务负责人及财务人员由总部任命，在总部的领导和指导下开展工作，并接受总部财务部和法务合规部的检查和评价。

"在机制上，强调合伙人利益与整体利益、长远利益挂钩，而不是简单与眼前个人项目挂钩。切忌本末倒置，避免在市场经济环境中迷失方向、失去事务所的核心竞争力和执业理念。"谭小青说。

　　陈胜华进一步补充道，实现国内事务所一体化管理目标，不仅需要事务所内部管理结构改革，还需要进一步推动审计市场健康发展，推动开展业务由靠个人关系向靠事务所品牌转变，依靠政府主管部门的强力推行，为实现一体化创造良好的环境。

附录 7：陈胜华：内部控制体系建设的 "实干家"

陈胜华，男，汉族，1970 年 9 月生，北京市人，中共党员，硕士研究生学历。北京兴华会计师事务所合伙人、管理委员会荣誉主任，高级合伙人。中欧国际工商学院 EMBA，长江商学院 DBA，中国注册会计师协会资深会员高级会计师，全国会计领军人才。兼任中国注册会计师协会维权委员会委员，北京注册会计师协会战略发展委员会委员。中央财经大学会计学院客座导师，首都经济贸易大学、北京信息科技大学兼职教授、硕士生导师，上市公司独立董事，国有企业集团外部董事。具有内部控制理论与实践的丰富经历，曾任财政部第一届内部控制咨询专家。为北京市企业、行政事业单位的内部控制建设积极贡献专业力量，现为北京市企业、行政事业单位内部控制专家组成员，北京市会计制度咨询专家。

坚定改革精神　加快推动企业内控体系建设

2010 年 8 月 24 日北京市召开动员大会，就贯彻实施《企业内部控制配套指引》进行了全面部署。

陈胜华积极投入这次意义深远的重大活动，一是致力于培训与宣传。强化培训是确保内部控制规范有效实施的关键环节。陈胜华在北京市内部控制师资培训班担任主讲老师，充分准备资料，分享和传授内部控制的实操经验和技能。积极为北京市企业集团单位负责人和内控人员培训班授课，详细讲解内部控制体系建设的理念、步骤和案例。结合实际工作经验，编写了《北京市企业内部控制操作指引》，为北京市内部控制建设做好宣传，提供翔实的指南和操作模板。二是开展咨询服务。陈胜华组建内部控制咨询团队，为北京一轻控股有限公司、北京化工集团有限公司、北京二商集团有限公司和北京京仪集团有限公司等多家市属国有企业集团及所属单位提供内部控制建设咨询。企业内部控制建设是一个分步骤、分层次、分阶段的长期性、系统性工程，其不仅是各单位管理的一场革命，还关系到各单位长远发展战略以及文化的开拓创新，是一个不断完善、提升的过程。

陈胜华率领的团队在进行内控建设咨询过程中，结合企业集团自身实际，因地制宜，量体裁衣，在了解和把握集团文化和管理基础的前提下贯彻内控规范的精神，将规范的要求融入企业集团自身运营、管理的各个方面、各个环节。从全员培训到多方访谈，从问卷调查到问题诊断，从制度梳理到流程优化，从组织重构到信息沟通，持续推进制度流程化、流程标准化、标准信息化。

历经两年深入细致的工作，陈胜华率领的团队为有关集团公司出具企业内部控制诊断报告，形成企业内部控制手册和企业内部控制评价手册等多项成果，帮助企业不断建立健全内部控制体系，提高企业集团的管理水平和风险防范能力。

在全市试点工作总结交流大会上，陈胜华作为代表进行重点发言，并充分地展示了一年多来的成果。在现场进行了大规模的答疑、互动和交流，为试点工作全面推开提供了有益经验和参考。

铆足干劲　奋力开创行政事业单位内控体系建设新局面

2013 年 4 月 25 日，北京市召开行政事业单位内部控制试点工作启动会。

陈胜华作为内部控制专家咨询委员，编写了《北京市行政事业单位内部控制操作指引》，为行政事业单位负责人授课，深入试点单位对内控规范实施工作提供专业技术支持，通过调研、座谈、经验交流等多种方式与试点单位进行沟通指导，探讨存在的问题，提出解决方案，配合试点单位开展内控建设工作。

13 家试点单位推进初始，陈胜华敢于担当，先行先试，组建队伍，负责北京市国土资源局、北京朝阳区检察院、北京丰台区检杏院、北京丰台区老干部局和北京市新媒体学院 5 家单位的内部控制体系建设工作，承担北京市教育委员会、北京市金融工作局、北京工业技师学院等多家行政事业单位的内部控制建设咨询工作。在工作过程中，建立了有效的管理工作机制。将内控建设作为"一把手"工程，与各单位主要负责人研究制定切实可行的内控规范实施方案认真梳理单位各类经济活动的业务流程、查找业务风险、修改程序、完善流程，充分利用信息化的手段实现业务管理与财务管理的有机结合，最终制定完成各单位的《内部控制手册》。内控建设的开展，为试点单位改变思想意识、保障制度执行，变"松散式粗放式"管理为"科学化、规范化"管理发挥了重要作用，为建设高效廉洁、人民满意型政府夯实了基础。

绷紧责任之弦　以骨子里的信念和热血筑牢实干初心

随着我国进入高质量发展的新阶段，企业面临着"去杠杆、降成本、补短板"的巨大压力，行政事业单位有着防范廉政风险提高效率的迫切要求，管理的转型升级势在必行，而内部控制的转型升级正是为企业管理的转型升级保驾护航。

近 3 年来，陈胜华先后负责北京一轻控股有限公司、北京化工集团有限公司和北京市国土资源局等单位的内部控制评价和升级工作。作为北京市会计制度咨询专家，参加北京市福利体彩中心和北京市园林管理中心内部控制评价工作，多次深入各单位调研与访谈，围绕内部控制体系变迁的实际以完善内部控制体系为抓手，对内部控制体系执行中存在的问题，全面进行梳理、整合完善、提升，促进内部控制体系建设上台阶上水平。

陈胜华认为，企业管理水平有标准，其衡量尺度就是内部控制。加强和规范了企业内部控制，就能提高企业管理水平，因为内部控制实际上就是管理控制，就是整套政策和程序的标准。如果说会计是国际通用的商业语言之一，那么内部控制就是国际通用的管理语言之一。作为专业人士，注册会计师应引领客户对标先进企业的内部控制体系从内部控制 1.0 形似到 2.0 的神似再到 3.0 的形神兼备。

陈胜华建议，注册会计师应跳出会计审计看内控，以管理的视角全面把握整体的框架，以战略为起点、控制为过程、绩效为标志，始终贯彻风险导向，从文化和内控环境建设、治理结构和组织架构的高度，处理好制度体系与内部控制的关系：要结合业务特点，把业务与人财物融合，进行内部控制体系建设的咨询。会计师事务所应大力培养和引进多方面复合型、综合性人才，突破传统业务框架，拓展内部控制咨询服务的范围，提升服务质量，培养新的收入增长点，实现多元化发展。

发展永无止境，奋斗未有穷期。内部控制体系建设只有起点，没有终点。内部控制体系的实施，在促进经济平稳发展、提高管理水平和防范风险、维护各方利益等方面发挥着重要作用。"路漫漫其修远兮，吾将上下而求索"，作为一名注册会计师，期待陈胜华在内部控制体系建设的大时代，继续贡献专业力量的光和热。

附录8：陈胜华（EMBA2014）：期待在中欧"擦出火花"①

曾经当过八年老师的陈胜华今天又重新走入校园。这一次，他背起了书包，成为中欧国际工商学院 EMBA2014 级北京春季班的新生。

"我以前也是老师，对学校的师资是很看重的，中欧拥有的顶级教师队伍是我选择来这里读书的重要原因"，他说，"我更看重和老师、同学们的交流、碰撞，我最期待在中欧的课堂上和他们'擦出火花'"。

一、从专业人才到管理者

陈胜华目前担任北京兴华会计师事务所高级合伙人。3 年前，作为公司合伙人的他出任总经理，全面接管会计师事务所的管理职责。

陈胜华表示，走上管理岗位的他做了许多创新尝试，但他逐渐发现自己在战略、人力资源管理等方面无论是理论知识还是实践操作都存在很多困惑。想要从专业人才转变为管理者，他需要重新"补课"。

在询问了公司几位高管在国内各家商学院的学习经历后，陈胜华最终选择了中欧。在他看来，中欧 EMBA 的课程设置、教师配备，以及严谨的教学态度和认真的学习风气都最适合自己。他表示，希望在中欧既能系统地学习管理学知识并学以致用，又能和同学们共同探讨如何解决那些在实际工作中遇到的问题，互相学习、取长补短。

---

① 中欧国际工商学院，2014 年 5 月 5 日。

二、"误打误撞"做会计

陈胜华成为一名会计师纯属偶然，他说自己是"被逼做了会计这行"。1991 年从北师大哲学系毕业后，他被分配到河北省委党校哲学教研室。当时市场经济浪潮正劲，党校办了一个"经贸外语"学习班，教师资源稀缺，英语还不错的陈胜华就被任命为"会计英语"的课程讲师。可是在此之前对会计学一窍不通，只能边学边教。

当时也正值我国开始会计制度改革。1993 年 7 月 1 日，与国际惯例接轨的《企业会计准则》和《企业财务通则》及其相配套的企业财务会计制度在全国范围内正式实施，把我国的企业财务会计率先送入市场经济的轨道，也为经济领域的各项改革树立了样板。伴随着这一重要变革，陈胜华也越来越发现会计学的魅力。后来他干脆辞去工作重新考研，就这样踏入这个行业。

目前，已是高级会计师的陈胜华负责过多家大中型国有及上市公司的审计和内部控制系统设计工作，具有丰富的会计报表审计、IPO 改制审计、经济责任审计、管理咨询工作经验。但是，他并没有丢掉自己的"老本行"。在他看来，哲学中的系统观和整体观思想对他从事会计工作的影响仍然至关重要。例如，在审计过程中，可能单看一家企业的账目并没有问题，但当把这家企业的财务数据放到整个宏观大势和行业环境中就会发现问题。

"做会计这行其实是'功夫在诗外'，只有跳出会计看会计，看到的东西才会不一样"，他说，"就像中欧所倡导的那样，既要有中国深度，也要有全球广度"。

三、30 年内本土事务所与"四大"将并驾齐驱

作为行业内的资深会计师，陈胜华对目前中国本土会计师事务所的发展有深刻的洞见。在他看来，和全球四大会计师事务所（普华永

道、德勤、安永和毕马威）相比，本土会计师事务所的优势和劣势都十分明显。但他相信，伴随着中国经济的发展和各方共同努力，未来20～30年，中国本土会计师事务所将有望与"四大"并驾齐驱。

陈胜华表示，全球四大会计师事务所在历史沉淀、全球网络、品牌影响、人才培养等方面有着本土事务所无法比拟的先天优势，但同时国内事务所在本土化和成本方面也明显更胜一筹。2013年中国注册会计师协会公布的排名显示，作为本土会计师事务所的瑞华和立信已经跻身国内前五，打破了"四大"一统天下的格局。

陈胜华认为，中国经济已经跻身全球第二，会计行业的发展也应达到相应的水平，才能满足中国企业"走出去"的需要。未来中国本土的会计师事务所需要在建设品牌、吸引人才和国际化方面加强投入。

"30年前，和'四大'相比，本土事务所只能'望尘莫及'；现在我们可以说是'望其项背'；而在未来20～30年，我相信中国的会计师事务所能够和'四大'并驾齐驱"，他说。

附录9：中国注册会计师行业高质量
可持续发展初探[①]

中国注册会计师行业有助于推动市场资源合理配置，有效促进资本市场稳健发展，是维护财经秩序的重要环节，对于中国特色社会主义经济的平稳运行至关重要。中国注册会计师行业"十四五"规划、2035远景目标纲要以及财政部质量管理准则等国家政策文件出台，注册会计师行业正在面临持续发展的全新挑战和全新要求。2021年8月，国务院办公厅又发布了《关于进一步规范财务审计秩序促进注册会计师行业健康发展的意见》（国办发〔2021〕30号）（以下简称《国办意见》），《国办意见》不仅是对注册会计师行业提出的要求，更是注册会计师行业新的发展契机和动力。无论是规划、纲要、质量管理准则还是国办意见都表明高质量可持续发展是注册会计师行业的前进之路。

一、注册会计师行业发展面临新台阶和新要求

由于新冠疫情、中美关系持续紧张以及全球经济波动等多重因素，我国经济发展正处于一个国内外局势严峻而复杂的新阶段。2020年4月，中共中央政治局常委会会议首次提出"构建国内国际双循环相互促进的新发展格局"，在"双循环"的格局下，无论是国内资本市场的发展，还是跨境经济活动都离不开注册会计师的专业服务。同时，注册会计师行业发展要以服务国家建设、实现经济高质量发展为核心，因此，目前注册会计师行业面临新台阶高、新要求严的高压局面。然而，穷则生变，变则通达，只要努力迈上新台阶，全力满足新要求，

[①]　作者为安永华明会计师事务所张明益和北京兴华会计师事务所陈胜华。

注册会计师行业就能走出一条高质量可持续发展的进步之路。

二、注册会计师行业发展的新台阶

2021年3月，"国民经济和社会发展第十四个五年规划"和"2035年远景目标纲要"的决议在我国十三届全国人大四次会议表决通过，这标志着我国在"十四五"期间社会经济发展的主要目标、指导思想、遵循原则及战略导向已经明确。注册会计师行业协会要结合"十四五"规划的要求，指引行业发展迈上新台阶。

注册会计师行业要以习近平新时代中国特色社会主义思想为指导，配合党中央关于审计工作的重大决策部署的落实，遵循党中央进一步强化对注册会计师行业的领导，以全面提升注册会计师行业服务国家建设的能力。

习近平总书记做出"审计监督首先是经济监督"的重要指示。注册会计师行业要以制定协会的"十四五"规划为契机，明确重点事项和工作思路，系统地计划、组织安排工作，全面提高职业操守和执业水平，充分发挥资本市场"看门人"的作用。

注册会计师行业应高度关注、顺应、协同参与国家财会监督体系的构建发展，这样才能既落实落细党中央的要求，又遵循注册会计师行业发展的客观规律，才能为新时代注册会计师行业的高质量可持续发展找到理论依据。

三、注册会计师行业发展的新要求

2021年8月，国务院办公厅发布的国办意见中也提及将进一步依法整治财务审计秩序，强化行业日常管理。全国行业党委与中国注册会计师协会也通过开展"质量管理提升年活动"，要求强化质量管理准则，改进会计师事务所质量管理体系，完善会计师事务所自律监管体系，持续提升从业人员胜任能力等。

中国注册会计师协会要求会计师事务所对标质量管理标准，尤其是完善事务所内的质量管理体系，要对事务所质量控制制度进行系统梳理，进一步系统化提升会计师事务所质量管理体系的实际管理水平，并要求在会计师事务所结构体系内的所有分所分部统一执行质量管理体系。

中国注册会计师协会制定了从事证券服务业务事务所自律监管的意见，最新修订了监管相关制度，补充完善了监管手段与惩戒措施。对检查中发现质量管理体系存在问题的事务所进行"回头看"和整改帮扶。注册会计师行业要紧跟形势，强化执业质量的检查，全面评价事务所内部的质量管理体系，依规惩戒存在问题的注册会计师及相关人员，并主动公开处理结果，公示违法违规典型。

四、注册会计师行业高质量可持续发展的主要路径

高质量可持续发展是"十四五"时期的主题。高质量可持续发展是一项系统性、战略性、复杂性、长期性工程，须多维度统筹推进，多条路齐头并进。在目前注册会计师行业面临的新形势下，我们坚持做好以下四个方面的主要工作，继往开来，砥砺前行，促进注册会计师行业迈上新台阶，实现高质量可持续发展。

（一）长期坚持以强化诚信建设与职业道德教育为核心

1. 坚持开展诚实守信与职业道德教育培训工作

诚实守信无论在哪个行业都是必需的职业操守，更是注册会计师行业执业人员职业道德的重要基础。会计师事务所要全面展开内部诚信文化建设，坚持将其摆在工作中的首要位置，让诚实守信成为注册会计师行业执业人员高质量完成工作的核心与保障。

然而，实现全体注册会计师行业执业人员具备并持续保持良好诚信素养是一项长期任务。诚信素质的培养不是一时的，会计师事务所应当重点关注审计工作人员在实际工作中职业道德与诚信观念的持续

性增强和保持，让更多的注册会计师行业人员在执业中守住诚信操守底线，筑牢法律法规红线，让诚信和职业道德观念真正内化为注册会计师执业人员的品格，使坚持诚信和遵守职业道德成为从业人员的自觉追求。

2. 行业人员应全面提升自觉意识，强化自律观念

遵守职业道德需要注册会计师执业人员的自律，要求在独立工作、无人监督的环境下，仍能坚持自己的道德观念，按道德规范严格约束自己的行为。特别是当今外界环境潜伏的诱惑与侵蚀无处不在，这更需要依靠行业人员自身的道德修养来抵御。恪守自觉意识和自律观念是目前注册会计师行业执业人员的挑战，却是决定未来注册会计师行业人员能否恪守独立性的关键。

行业执业人员必须把诚信思想教育作为审计职业生涯中的必修课程，提高自觉意识，增强自律观念。只有执业人员筑牢思想防线，时刻自我提醒，诚信与职业道德才能在执业过程中真正成为行业人员开展审计工作的准绳和指南。

协会可以定期组织一些与文化有关的教育传播活动，使提倡与弘扬对精神文化追求的理念在审计工作中持续发挥影响，让能够深入注册会计师行业执业人员内心的不再是肤浅浮躁的物质追求而是高深精辟的审计价值观与审计精神。为此，行业人员还需要做的是坚持提高自己的思想觉悟和自律意识，让自律自觉意识在与文化教育的对接和碰撞中产生质的提升。

3. 协同创造良好的执业环境与行业风气

注册会计师的执业环境可以说是整个社会政治、经济、文化环境的缩影。我国资本市场的创新变革、主板和中小板市场的壮大、股票发行注册制以及科创板、创业板、新三板市场的改革等一系列措施的推进，使资本市场发生结构性变革，上市业务因此逐渐变得纷繁复杂，注册会计师服务业务的种类数量也进一步增加，行业为了不断提升社会公众对财务报告的信赖程度，工作难度正在大幅增加。《国办意见》指出，要推进以质量为导向的会计师事务所选聘机制建设，通过科学

设置会计师事务所选聘的指标权重，提高质量因素权重，降低价格因素权重，完善价格因素的评价方式，引导形成以质量为导向的选聘机制。该文件的发布将从宏观角度显著改善注册会计师行业执业环境。

虽然执业环境的客观上改善一定程度依赖于社会整体环境的变化发展，但是对于注册会计师行业内部来说，主观上依然要有责任心和紧迫感，要协同大环境，主动探索创造良好内部环境与风气的可实施路径。

具体来说，首先是会计师事务所内部须定期开展自查工作，对于自查不达标的，须对部门与体系实施一系列改革措施，建立能够强有力地规范和约束审计职业道德的管理体系。应当以诚实守信的职业道德准则为依据，加快贯彻落实审计职业道德具体准则和职业道德规范指南的要求，达到增强行业内执业注册会计师的职业道德意识的目的，利用高素质高职业道德意识来指导和规范注册会计师的执业行为。

其次是净化行业，尽可能地为注册会计师行业自身创造一个规范的工作环境。事务所之间因缺乏公平竞争的环境，存在行业分割与垄断、地方保护、恶意降价等现象。除了政府加强监管，取缔不符合条件或严重违规的事务所外，会计师事务所内部也应该从自身做起，公平竞争，净化行业风气，营造良好的执业环境。会计师事务所应当完善、优化事务所内部收入结构，在如今十分激烈的市场份额竞争当中，坚持用质量换取份额优势，而非通过恶意降价等手段扰乱行业风气。会计师事务所应深刻意识到低价对于审计成果质量薄如蝉翼的保障程度，应积极摒弃折价策略，采用质胜策略。

除此之外，会计师事务所应当建立完整统一的收费标准，完善事务所定价策略，强化审计质量的把控，促进收费标准透明化、合理化。

（二）切实强化注册会计师行业人才培养、夯实发展基础

北京会计师事务所 40 岁以上注册会计师占比超过 60%，40 岁以下的合伙人/股东占比不到 10%，老龄化问题在合伙人/股东队伍中依然非常突出，后备人才储备不足。在 73 家被检查会计师事务所中，70 岁

（含）以上的高龄注册会计师 110 人，占 952 名被检查的注册会计师的 11.55%，在 73 家被检查会计师事务所中，有 30 家会计师事务所至少有 1 名高龄注册会计师，有高龄注册会计师的事务所占全部被检查会计师事务所的 41.1%。由于相关法律法规对高龄合伙人/股东没有退出规定，部分事务所高龄合伙人/股东长期占有股份但并未正常执业，导致青壮年注册会计师上升通道狭窄，产生年龄断档。部分事务所由于高龄注册会计师问题未能解决，经营负担重、开拓能力不足，制约了事务所的发展。

当前注册会计师行业的吸引力明显下降，现有人员有离开行业的迹象，尤其是高素质人员的招聘现在已经非常困难，一方面审计收费上不去，另一方面审计责任提高，投入成本增加，两方面的挤压导致行业进入了一个困局。注册会计师的离职率较高，包括高级经理和合伙人等高级别的人员也有萌生离开行业的想法。

人力成本上升和人才竞争加剧，事务所难以吸引、留住足够的高端复合型人才，从而难以承接咨询、IT 审计等高端业务，实现业务转型和事务所高质量可持续发展。

"功以才成，业由才广"，人才是事务所的基础，是事业成败的关键。

1. 进一步提高注册会计师行业吸引力

财政部门、行业协会、会计师事务所和注册会计师形成宣传合力，努力营造行业积极发展的形象与氛围。对于做出突出贡献的事务所、合伙人和从业人员应作为正面典型向社会全方位、有信心地推介。充分利用微信、抖音等现代传播渠道，尽力再造行业的品牌和价值，让更多人真正了解、理解行业，加入审计行业，奠定人才引进和培养的坚实基础。

2. 进一步提升事务所人力资源管理意识

整个行业应提升对人力资源管理认识和重视程度，加大投入力度，专业的事情交给专业的人去做，配备与事务所发展相匹配的人力资源管理人员，做精做细人力资源管理工作，提高合伙人人力资源的管理能力，全面提升人力资源管理水平。

3. 加大注册会计师行业接班人培养力度

接班人是事务所可持续发展的关键和基础。基础不牢地动山摇，事务所经过近几十年的发展，接班人的培养已经越来越迫切和重要。如何顺利完成新老交替，延续事务所的文化根脉，打造百年老店，应积极有效地培养事务所新时代的带头人。

4. 关注培养注册会计师行业青年人才

青年人才是事务所发展的希望和未来。事务所应完善薪酬考核体系，分配向一线和年轻人倾斜，只有有竞争力的薪酬才能有行业长远的竞争力，一流的待遇才能有一流的事务所。以全生命周期管理理论为指导，完善行业年轻人才培养制度体系，加大年轻人才继续教育力度，为行业服务为国家建设提供坚实人才队伍保障。

（三）抓住历史机遇、以推动行业数字化转型为手段

1. 顺应大数据趋势推动数字化思维转型

随着信息技术和计算机科学的崛起，以新冠疫情的暴发引发的远程办公为契机，我们逐渐意识到数字化技术能够为我国经济体系中绝大部分行业的效率和产品质量带来大幅度提升，数字化技术与我国经济碰撞融合已经成为当下不可阻挡的新趋势。

这种趋势也从很多方面影响着注册会计师行业，势必为行业带来深刻的影响变革。数字化转型是提升审计能力、提升审计工作质量、增强审计发展可持续性的必然选择。所以，注册会计师行业必须加快转变以往的审计思维，立足大数据视野。只有这样，才能化危机为机遇，才能顺应时代变化规律，注册会计师行业才能得到高质量可持续发展。

2. 搭建升级审计云平台等数字化审计工具

随着互联网、大数据、信息化技术与企业业务的高度融合，风险越来越隐蔽，传统审计的时效性、全面性、安全性面临巨大挑战，采

取什么样的工具来处理、运用、分析海量数据进行数字化审计，是迫切需要解决的问题。

注册会计师工作的数字化转型离不开先进、高效的数字化审计云平台，即利用云计算技术，实现数据的云存储，并通过云来协同各种审计资源。在搭建平台时，首先要引入数据多维分析技术，收集获取并管理分析业务数据。其次通过引入语音识别、文字转换、图像扫描识别等技术，实现业务数据的分析与应用。最后是基于注册会计师行业执业人员的数据分析知识，结合计算机编程知识设计研发统计分析应用软件，为行业内审计工作能够从多个角度分析问题，解决问题提供工具。

在体验数字化技术带来的优势的同时，也要注意制定措施，防范先进技术可能带来的弊端。如加强培养云系统的维护管理人才，提升运营管理效率以节省成本，为网络的可靠性、安全性提供强有力保障。

3. 推动注册会计师行业执业人才数字化转型

随着数字化转型理念的提出，新的经济模式要求注册会计师行业从业人员不断提升自身数字化水平和专业复合度，同时也给计师事务所带来新的变化。

转变新思想，开发新工具，归根结底要落实到注册会计师行业中每一位执业人员身上。会计师事务所要积极培养具备锐意创新精神，学习能力强的复合型审计人才。在大数据环境下，未来注册会计师行业执业人员不仅要精通财会知识、业务知识、审计知识，也需要兼备数据挖掘与程序编写、人工智能等相关技术知识和能力。通过执业人才数字化转型，注册会计师行业的工作效率和提供的服务质量将获得新提升，注册会计师行业执业人才的竞争力也会大幅提高，这有利于解决注册会计师行业面临的诸多问题与困境，有利于注册会计师行业可持续发展。

4. 开展数字化转型规划工作，积极寻找数字化转型合作伙伴

新的数字化思维模式要求注册会计师行业将数字化转型变革的咨询与路径规划作为首要步骤，有条理地探索研究行业数字化转型的可

持续发展路径，使新思维模式在转型这个关键节点为注册会计师行业在发展的星辰大海中指明方向。

在大数据时代、信息技术高度发达的背景下，市场经济中并不缺乏具有协助注册会计师行业数字化转型能力的供应商。在数字化转型过程中对于技术供应商的选择要重视发掘志同道合的合作伙伴，精确定位并提出行业需求，明确行业发展方向与目标，尽最大可能做出合理、正确的判断和决策。

（四）构建完善质量管理体系框架、支撑可持续发展

审计质量一直都是注册会计师行业的核心，但目前市场上出现了恶意竞争、业务垄断等不良现象。这不但会严重污染注册会计师行业的执业环境，更会对审计质量带来不利影响。证监会强调，为了使审计与评估机构执业生态能够可持续发展，严格落实审计在资本市场作为"看门人"的责任，针对资本市场的会计监管将持续加强。在这样的监管背景下，会计师事务所应当顺应、适应监管强化的新趋势。在构建质量管理体系的进程中，为了使质量管理体系能够切切实实落地执行，在会计师事务所业务执行层面构建质量管理体系时，要坚持适当的原则，遵循相应的依据，头脑清楚，做出正确的、细化的规划与判断。

1. 矢志不渝坚持质量管理体系构建原则

一是要坚持风险导向原则。构建过程中，要找准目标，有的放矢。会计师事务所应当采用风险导向的方法，抓住质量目标并且评估目标风险，进而针对风险评估的结果，进行全方位考虑，设计出相应可执行的风险应对措施。

二是要坚持领导负责原则。会计师事务所负责人要清楚自身所负责任的重量，应当对质量管理体系的构建承担最终责任。关于质量管理体系的运行，独立性的遵守，监管把控以及整改的责任等也应由会计师事务所指定专门合伙人或类似职位人员分别承担和落实。也就是说，在体系构建过程中，其他相关人员也应当具备责无旁贷的意识，

增强对于质量管理体系构建事业的使命感和责任感。

三是坚持协同沟通原则。形成一个可以切实落地并且高效运行的管理体系，沟通至关重要。沟通能够有效解决事务所内部资源配置，有效提升质量管理体系的管理职能。会计师事务所应当确保质量管理体系的运行、遵守独立性要求、监控和整改程序等方面的责任人，能够直接与质量管理体系最终责任人进行有效沟通。质量管理体系各组成要素还应高效衔接、彼此支撑、协同运行，只有这样才能保障会计师事务所构建出完善的审计工作质量体系并积极有效地实施质量管理。

四是要坚持人岗匹配的原则。会计师事务所还需要分派具有胜任能力的人员执行质量管理体系内的各项活动，并保证其有充足的时间执行这些活动。完备的规划应该搭配完备的落实措施，在构建体系的具体工作过程中，人员的使用和搭配在落实工作中十分关键，是将规划蓝图变为客观现实的主引擎，构建体系的相关人员只有具备一定的胜任能力，充足的时间和精力，才能为这一阶段转变的顺利完成提供保障。

五是要坚持动态调整的原则。质量管理体系的构建并非一劳永逸，质量管理体系在应用的过程中仍然需要不断完善和优化。在工作实务中，会计师事务所应当根据本所及其业务在性质和具体情况方面的变化，对质量管理体系的设计、实施和运行进行动态调整。一成不变的质量管理体系将逐渐失去与所实施环境的适配性，如果不开展动态调整工作，就无法保证质量体系的可持续发展，相关工作人员对质量体系构建所付出的努力将付诸东流。

2. 脚踏实地遵循质量管理体系实践依据

在构建会计师事务所质量管理体系时，要以质量管理体系实践为构建依据，把具体实践中遇到的若干问题，发现的有待满足的需求，以及总结出的宝贵经验综合考虑作为体系构建的依据。

在质量管理体系初步构建完成时，要组建鉴定审核小组对初步完成的体系开展实践检验工作，必要时可以引进相关专家人才，以确保体系能够妥善运转，匹配原有内部结构，并测试其实用性，有效性和可操作性。在进行检验的过程当中，要将质量管理体系具体化，留心质量管理体系实施过程中的每个环节，观察并记录质量管理体系对于各个节点的把控力度与效果。

鉴定审核小组要对质量管理体系中环节控制，资源消耗，信息管理等步骤进行把控复核，系统整理审核结果并出具报告，针对报告进行分析，从中发现不足，进一步开展修补调整工作。此外，还要设计严格的考评标准，控制考评资料递送等环节以保障测评过程真实有效。

3. 绳趋尺步厘清质量管理体系落地思路

在构建质量管理体系的过程中，会计师事务所应当坚持不懈地尝试，确保切实形成一套能够在会计师事务所业务执行层面可遵循、可落地的质量管理体系的具体操作规程。会计师事务所质量管理体系的构建规程要具体细化到事前、事中和事后。

在事前，重视团队的职业道德建设，完善并有效运行与职业道德相关的政策和程序，以确保会计师事务所持续满足相关职业道德要求；在团队管理建设环节，保证团队人岗分配合理，人员稳定、使团队人员胜任能力能够满足高质量完成业务的需求；在业务承接环节，拒绝采用并抵制低价竞争市场份额等败坏行业风气的行为，在业务收费环节，完善业务价格标准并促进收费透明化；在知识储备环节，对人才培育策略做出调整和优化。

在事中，明确项目人员安排与人员参与程度，明确参与人员的分工与责任，提升项目组内的复核管理能力水平，建立完善的争议事项咨询与分歧解决机制，规范并完善报告出具流程、工作底稿记录和归档流程。

在事后，对质量管理体系承担最终责任的主要负责人应当代表会计师事务所对质量管理体系做出评价，并保证其评价频率不应少于每年一次。如果发现质量管理体系的设计、实施和运行存在缺陷或无法合理保证该质量管理体系的目标得以实现的情况，则应及时执行相应的应对策略与程序，以保证质量体系建设的不断发展和完善。

雄关漫道真如铁，而今漫步从头越。面临百年未遇之大变局，注册会计师行业高质量可持续发展大有可为，前景可期。注册会计师行业只有高质量发展，行业自身才能得到更长远更健康的发展，才能满足整个社会经济发展的需求。我们要坚定不移贯彻注册会计师行业高质量可持续发展的理念，构建高质量可持续发展的格局，助力我国经济社会的高质量可持续发展。

附录10：国务院办公厅关于进一步规范财务审计秩序促进注册会计师行业健康发展的意见

各省、自治区、直辖市人民政府，国务院各部委、各直属机构：

改革开放以来，我国注册会计师行业规模不断扩大，服务范围不断拓展，行业发展总体向好，在维护资本市场秩序和社会公众利益、提升会计信息质量和经济效率等方面发挥了重要作用，但同时也存在会计师事务所"看门人"职责履行不到位、行业监管和执法力度不足等问题，企业财务会计信息失真、上市公司财务造假等现象时有发生。为深入贯彻党中央、国务院关于严肃财经纪律的决策部署，切实加强会计师事务所监管，遏制财务造假，有效发挥注册会计师审计鉴证作用，经国务院同意，现就进一步规范财务审计秩序、促进注册会计师行业健康发展提出以下意见。

一、总体要求

（一）指导思想。以习近平新时代中国特色社会主义思想为指导，全面贯彻党的十九大和十九届二中、三中、四中、五中全会精神，切实增强"四个意识"、坚定"四个自信"、做到"两个维护"，按照党中央、国务院决策部署，严肃财经纪律，以全面提升注册会计师行业服务国家建设能力为目标，统筹发展和安全，紧抓质量提升主线，守住诚信操守底线，筑牢法律法规红线。坚持监管与服务并重、治标与治本结合，树立系统观念，做好统筹谋划，努力构建部门协同、多方联动、社会参与的监管工作格局，有效解决突出问题，切实加强行政监管，逐步完善行业治理，显著优化执业环境，持续提升审计质量，为维护社会公平正义、规范市场经济秩序、保障国家经济安全提供有力支撑。

（二）工作原则。

——诚信为本，质量为先。将诚信建设作为行业发展的生命线，始终坚持质量至上的发展导向，持续提升注册会计师执业能力、独立性、道德水平和行业公信力。

——从严监管，从严执法。坚持问题导向，坚决纠正违反职业规范和道德规范的重大问题，严厉打击会计审计违法违规行为，发现一起、查处一起，做到"零容忍"，曝光典型案例，树行业正气。

——归位尽责，协同发力。加强监管部门之间、政府部门和行业协会之间的沟通协作，进一步厘清职责边界，落实监管责任，加强统筹协调，完善工作机制，强化信息共享，形成监管合力。

——综合施策，多措并举。加强注册会计师行业监管的系统性、协同性，综合运用行政监管、市场约束、行业自律、社会监督等多种方式手段，优化执业环境，净化行业风气，督促会计师事务所提升内部管理水平，提高行业监管效能。

——着眼长远，常抓不懈。立足当前，强化法律法规和职业道德要求，狠抓审计职业规范，集中解决突出问题；着眼长远，与时俱进完善相关基础制度规范，形成长效机制，全面提升行业监管能力和治理水平。

二、依法整治财务审计秩序

（三）依法加强从事证券业务的会计师事务所监管。行业主管部门严格履行职责，充实财会监督检查力量，推动形成专业化执法检查机制，对从事证券业务的会计师事务所开展有效日常监管。出台会计师事务所监督检查办法，突出检查重点，提高检查频次，严格处理处罚，建立自查自纠报告机制，强化会计师事务所责任。完善相关部门对从事证券业务的会计师事务所监管的协作机制，加强统筹协调，形成监管合力，对会计师事务所和上市公司从严监管，依法追究财务造假的审计责任、会计责任。加强财会监督大数据分析，对财务造假进行精准打击。

（四）严肃查处违法违规行为并曝光典型案例。上下联动、依法整治各类违法违规行为，特别是针对当前行业内较为突出的会计师事务所无证经营、注册会计师挂名执业、网络售卖审计报告、超出胜任能力执业、泄露传播涉密敏感信息等，坚决纠正会计师事务所串通舞弊、丧失独立性等违反职业规范和道德规范的重大问题。梳理一批财务会计领域违法违规典型案件，形成各部门共同行动清单，区分不同情况依法依规严肃处理，坚决做到"零容忍"，对影响恶劣的重大案件从严从重处罚，对违法违规者形成有效震慑。加大典型案例曝光力度，对全社会、全行业形成警示。

（五）加快推进注册会计师行业法律和基础制度建设。制定注册会计师行业基础性制度清单，及时跟进健全相关制度规定，建立健全制度化、常态化的长效机制。推动加快修订注册会计师法，进一步完善行政强制措施、丰富监管工具、细化处罚标准、加大处罚力度。合理区分财务造假的企业会计责任和会计师事务所审计责任，明确其他单位向注册会计师出具不实证明的法律责任。完善会计师事务所组织形式相关规定，明确公众利益实体审计要求。按照过罚相当原则依法处理涉会计师事务所责任案件，研究完善会计师事务所和注册会计师法律责任相关司法解释，进一步明确特殊普通合伙会计师事务所的民事责任承担方式。完善维护信息安全要求，明确境外机构和人员入境执业等相关监管规定。科学合理确定会计师事务所从事上市公司等特定实体审计业务的具体要求，统一公开相关标准。结合实际优化会计师事务所和注册会计师审计轮换机制。

（六）建立健全监管合作机制。建立跨部门合作机制，实现财会监督与其他方面监督有机贯通、协同发力。建立注册会计师行业年度工作会议和日常联席会议机制，整合力量、凝聚共识，切实形成监管合力，及时研究解决制约行业发展的突出问题，不断提升行业监管水平。针对财务会计领域跨区域、跨行业的突出问题，加强中央与地方之间、部门之间监管协调。依法依规开展跨境会计审计监管合作，维护国家经济信息安全和企业合法权益，增强国际公信力和影响力。

三、强化行业日常管理

（七）强化国家统一的会计制度贯彻实施。完善企业会计准则体系，修订相关指南、案例等，加强培训和实务指导，及时解决贯彻实施中存在的突出问题。制定推广会计数据标准，开展企业会计报表电子报送试点，推动部门间会计数据共享。推动加快修订会计法，进一步明确会计核算、内部控制、信息化建设等要求，丰富监管手段，大幅提高处罚标准，加大财务造假法律责任追究力度，推进会计诚信体系建设，全面提升企业会计信息质量。

（八）加强行业日常监管和信用管理。加强信息化建设，构建注册会计师行业统一监管信息平台，通过业务报备、电子证照和签章等手段加强日常监测，提升监管效率和水平。探索建立审计报告数据单一来源制度，推动实现全国范围"一码通"，从源头治理虚假审计报告问题。出台注册会计师行业严重失信主体名单管理办法，依法依规共享和公开相关信息并实施联合惩戒。畅通投诉举报渠道，建立统一的行业举报受理平台，完善投诉举报办理机制，做到"接诉必应、限时核查，查实必处、处则从严"。

（九）完善审计准则体系和职业道德规范体系。立足我国注册会计师执业实践，结合准则国际趋同等需要，及时修订完善审计准则体系并推动落地实施。加强职业道德守则宣传、培训和实施指导，针对职业规范和道德规范执行的薄弱环节，指导会计师事务所改进审计程序，增强审计独立性，提高应对财务舞弊的执业能力。

四、优化执业环境和能力

（十）引导会计师事务所强化内部管理。加强会计师事务所一体化管理，出台一体化管理办法，建立可衡量、可比较的指标体系，引导会计师事务所在人员调配、财务安排、业务承接、技术标准和信息化建设方面实行统一管理，建立健全公开、透明、规范的一体化管理检查评估程序。进一步完善会计师事务所综合排名机制，将一体化管理检查评估结果作为排名的重要依据，引导会计师事务所对标对表加强内部管理。结合大、中、小型会计师事务所特点，每年从一体化管理、信息化管理、"专精特"发展等方面树立典型示范，推广先进经验。着力培育一批国内领先、国际上有影响力的会计师事务所，助力更多自主品牌会计师事务所走向世界。

（十一）推进以质量为导向的会计师事务所选聘机制建设。加强对企业内部审计工作的指导和监督，调动内部审计和社会审计力量，增强审计监管合力。完善国有企业、上市公司选聘会计师事务所有关规定，压实企业审计委员会责任，科学设置选聘会计师事务所指标权重，提高质量因素权重，降低价格因素权重，完善报价因素评价方式，引导形成以质量为导向的选聘机制，从源头有效遏制恶性竞争。加强对选聘相关规定执行情况的监督，对违反规定的企业和压价竞争的会计师事务所严肃追责并公告。

（十二）提升会计师事务所审计风险承担能力。完善职业责任保险制度，修订《会计师事务所职业责任保险暂行办法》，根据资本市场发展和证券业务现状，充分考虑会计师事务所客户群体、风险状况等客观差异，完善保险金额等相关要求。加强职业责任保险和职业风险基金计提情况监督，规范职业风险基金管理和使用，督促会计师事务所提升风险防范能力。探索实行行业集中投保。

（十三）加强注册会计师专业培训教育。创新继续教育方式，围绕专业胜任能力、职业技能、职业价值、职业道德等重点，丰富完善教育内容。充分利用信息技术手段，上线继续教育相关应用，切实提高培训效果，持续保持和强化注册会计师专业胜任能力和职业道德操守，提升审计质量。

（十四）进一步规范银行函证业务。加强银行函证数字化平台建设，加快推进函证集约化、规范化、数字化进程，利用信息技术解决函证不实、效率低下、收费过高等问题，支持提升审计效率和质量。开展银行函证第三方平台试点工作，总结试点经验，形成配套工作指引，完善业务、数据、安全等标准体系，推动银行函证数字化平台规范、有序、安全运行，并在上市公司年报审计中推广应用。规范银行函证业务及收费行为，对提供不实回函等违法违规行为依法依规严肃查处。

五、加强组织实施

（十五）加强党的全面领导。进一步落实行业党建工作责任，坚持会计师事务所党的组织和工作有形覆盖与有效覆盖相统一，推动会计师事务所将党建工作要求载入章程或协议，加强教育、管理、监督、服务，充分发挥行业基层党组织战斗堡垒作用和党员先锋模范作用，为注册会计师行业健康发展提供坚强政治保证。

（十六）加强组织领导。各地区、各有关部门要从经济社会发展和全面深化改革开放的大局出发，充分认识推动注册会计师行业健康发展的重要性，将相关工作摆到重要议事日程，并作为巡视督导的重要内容。财政部门作为主管部门要牵头建立信息报送、督查考评等制度，发挥统筹抓总作用。强化行业自律，支持注册会计师协会依法履职，充分发挥协会作用。密切关注注册会计师行业发展重大问题，加强前瞻性、预判性研究，坚持问题导向，注重体系建设，制定完善基础制度，及时出台配套政策，精准施策，扎实推进各项重点工作。

（十七）加强宣传引导。建立行业舆情日常监测、会商研判以及中央和地方、政府部门和行业协会的分级分类响应机制。加强对注册会计师行业法律法规和监管制度的宣传，积极引导社会舆论和市场预期。

国务院办公厅

2021 年 7 月 30 日

附录 11：关于印发《会计师事务所一体化 管理办法》的通知

各省、自治区、直辖市财政厅（局），深圳市财政局，新疆生产建设兵团财政局，各会计师事务所：

为贯彻落实《国务院办公厅关于进一步规范财务审计秩序促进注册会计师行业健康发展的意见》（国办发〔2021〕30 号）有关要求，加强会计师事务所内部治理，提高质量管理水平，根据《中华人民共和国注册会计师法》《会计师事务所执业许可和监督管理办法》（财政部令第 97 号文件修改发布），我们制定了《会计师事务所一体化管理办法》，现予印发，自 2022 年 10 月 1 日起执行。

执行中如有问题，请及时反馈我部。

财政部

2022 年 5 月 12 日

发布日期：2022 年 06 月 01 日

附件：

会计师事务所一体化管理办法

第一章　总　　则

第一条　为了提高会计师事务所一体化管理水平，强化内部治理，促进审计质量提升，根据《中华人民共和国注册会计师法》、《会计师事务所执业许可和监督管理办法》（财政部令第 97 号文件修改发布），制定本办法。

第二条　会计师事务所一体化管理，是指会计师事务所在人员管理、财务管理、业务管理、技术标准和质量管理、信息化建设等方面，建立并有效实施实质统一的管理体系。

第三条　会计师事务所应对设立的分支机构、内设部门、业务团队进行一体化管理。

第四条　会计师事务所应当建立健全一体化管理制度体系并确保有效实施，在合伙协议（公司章程）中明确一体化管理要求。首席合伙人（主任会计师）对会计师事务所实行一体化管理负主要责任。

第五条　财政部和省级（含深圳市、新疆生产建设兵团）财政部门（以下统称省级以上财政部门）将会计师事务所一体化管理情况作为对会计师事务所监督检查的重要内容，有效开展会计师事务所一体化管理水平综合评价，督促会计师事务所通过提升一体化管理水平提高审计质量。

第二章　基 本 要 求

第六条　会计师事务所应当建立实施统一的人员管理制度，制定统一的人员聘用、定级、晋升、业绩考核、薪酬、培训等方面的政策与程序并确保有效执行。会计师事务所的人员业绩考核、晋升和薪酬政策应当坚持以质量为导向，将质量因素作为人员考评、晋升和薪酬的重要因素。

第七条　设立分支机构的会计师事务所应当对分支机构负责人和质量管理负责人、财务负责人等关键管理人员实施统一委派、监督和考核，在全所范围内实施统一的人力资源调度和配置。

第八条　会计师事务所应当实施统一的财务管理制度，制定统一的业务收费、预算管理、资金管理、费用和支出管理、会计核算、利润分配、职业风险补偿机制并确保有效执行。业务收费应当以项目工时预算和人员级差费率为基础，严禁不正当低价竞争。

职业风险补偿机制，是指会计师事务所应对职业风险建立的制度、程序，包括职业责任保险购买、职业风险基金提取与使用等。

第九条　会计师事务所应当坚持以质量为导向，对合伙人实施业绩评价、考核晋升和利润分配。会计师事务所应当实施统一的合伙人业绩考核政策与标准，确保全体合伙人在统一的"利润池"中分配，禁止以费用报销代替利润分配，不得以承接和执行业务的收入或利润作为首要指标，禁止"各自为政"、"分灶吃饭"。

"各自为政"、"分灶吃饭"是指分支机构、业务分部、业务团队或合伙人给会计师事务所上交管理费后，其余业务收入自行分配的行为。

第十条　会计师事务所应当实施统一的业务管理制度，制定统一的客户与业务风险评估分类标准、业务承接与保持、业务执行、独立性与职业道德管理、报告签发、印章管理等方面的政策与程序并确保有效执行。会计师事务所应当为每个审计项目投入充足的资源，保证不同层级员工工作负荷合理适当。

第十一条　会计师事务所应当实行矩阵式管理，即结合所服务客户的行业特点和业务性质，以及本会计师事务所分支机构的地域分布，对业务团队进行专业化设置，以团队专业能力的匹配度为依据分派业务。

第十二条　会计师事务所应当实施统一的技术标准与质量管理制度，制定项目咨询、意见分歧解决、项目质量复核、项目质量检查、质量管理缺陷识别与整改等方面的政策与程序并确保有效执行。技术标准应当依据有关法律法规和注册会计师执业准则制定并统一施行。注册会计师应当按照本所统一的技术标准执行业务并出具报告。

第十三条　会计师事务所应当明确项目质量复核人员资格条件并建立合格人员清单，确保项目质量复核人员独立于项目组，并在全所范围内统一委派项目质量复核人员。

质量复核人员的人选，以及相关人员的业绩考评、晋升与薪酬不受被复核或检查的项目组的干预或影响。

会计师事务所应当统一安排质量检查抽取的项目和执行质量检查的人员。

第十四条　会计师事务所应当统一开展信息系统的规划、建设、运行与维护，通过持续有效的投入，维护信息系统的安全性、实用性，以信息技术手段提高审计作业效率与质量，提升独立性与职业道德管理水平，保障一体化管理体系有效实施。

第十五条　会计师事务所信息系统核心功能或子系统包括但不限于：审计作业管理、工时管理、客户管理、人力资源管理、独立性与职业道德管理、电子邮件、会计核算与财务管理等。会计师事务所的系统服务器应当架设在境内，数据信息应当在境内存储，并符合国家安全保密等规定。

会计师事务所应当持续增强信息化管理能力，服务一体化管理和治理决策。

第三章　评价与检查

第十六条　会计师事务所应当定期按照本办法的规定和会计师事务所一体化管理评估指标具体评分标准进行自我评价，形成自评报告。会计师事务所首席合伙人（主任会计师）应当对自评报告的真实性、准确性、完整性负责，并按照年度报备工作有关要求于每年 5 月 31 日前向所在地省级财政部门报送。

会计师事务所一体化管理评估指标具体评分标准由财政部另行制定。

第十七条　省级以上财政部门、注册会计师协会在对会计师事务所监督检查、自律检查过程中，应当对会计师事务所一体化管理情况进行检查，按照本办法的规定和会计师事务所一体化管理评估指标具体评分标准对会计师事务所一体化管理情况进行评价。省级以上财政部门和注册会计师协会应加强信息共享、开展联合监管，避免对会计师事务所一体化管理情况重复检查评价。

第十八条　会计师事务所、注册会计师应当配合省级以上财政部门和注册会计师协会的检查评价，如实提供工作底稿、相关资料及电子数据，不得拒绝、延误、阻挠、逃避检查，不得谎报、隐匿、销毁相关证据材料。

第十九条　会计师事务所一体化管理情况自评结果和省级以上财政部门及注册会计师协会检查评价结果以适当方式向社会公开。一体化管理情况检查评价过程中发现的会计师事务所违法违规问题，依法予以处理处罚。

第四章　评价结果运用

第二十条　会计师事务所应当将一体化管理的自评结果和检查评价结果作为一体化管理整改提升的重要依据，认真做好自查自纠和检查整改工作，不断提升一体化管理水平。会计师事务所不得将一体化管理评价结果用于广告、宣传、营销等商业目的。

第二十一条　进一步完善会计师事务所综合排名机制，将一体化管理检查评估结果作为排名的重要依据，引导会计师事务所依法加强内部管理。

第二十二条　会计师事务所一体化管理检查评价结果作为财政部门审批会计师事务所分支机构的依据，并作为监管部门配置监管资源、确定检查方式等的参考。

第二十三条　省级以上财政部门及其工作人员，在会计师事务所一体化检查评价工作中，违反规定存在滥用职权、玩忽职守、徇私舞弊等违法违规行为的，依法追究相应责任。

第五章　附　　则

第二十四条　本办法由财政部负责解释，自 2022 年 10 月 1 日起施行。

附录12：注册会计师行业发展规划
（2021—2025 年）

为引领注册会计师行业高质量发展，统筹推进注册会计师行业改革发展各项工作，制定本规划。

一、行业发展现状与形势

（一）行业发展取得显著成就。"十三五"时期，注册会计师行业深入贯彻习近平总书记系列重要讲话精神和注册会计师行业要"紧紧抓住服务国家建设这个主题和诚信建设这条主线"的重要批示精神，持续实施行业发展战略体系，创新行业管理和服务体制机制，深化行业党建和业务建设，行业职业化、市场化、信息化和国际化水平明显提升，行业发展取得明显成效。五年来，行业诚信建设扎实推进，队伍规模、素质稳步提升，职业准则体系保持动态国际趋同，执业质量规范化水平明显提升，会计师事务所做强做优、做专做精成效明显，行业业务收入结构不断优化，行业业务收入规模实现较快增长，行业服务领域不断拓展，行业服务国家建设的价值和贡献逐步提升。截至2020 年 12 月 31 日，全国有会计师事务所 9 800 余家（含分所 1 200 余家），其中，业务收入过亿元的有 51 家。中注协个人会员总数达 28 万余人，其中，执业会员 11 万余人，非执业会员 17 万余人。全行业收入从 2015 年的 689 亿元增长到 2019 年的 1 108 亿元，年均增长超过10%。行业持续服务企事业单位达 420 万家，同时，深度参与国家"一带一路"建设，为 1.1 万家中国企业在全球 200 多个国家和地区设点布局提供强有力的专业支持。"十三五"时期行业发展规划目标任务基本完成，为行业进入新的高质量发展阶段打下扎实基础。

　　（二）行业面临的形势。从国际来看，当今世界正经历百年未有之大变局，经济全球化遭遇逆流，新冠疫情加剧了全球经济衰退，新一轮科技革命和产业变革深入发展，世界经济结构、产业结构、国际分工发生深刻变革，行业发展面临日趋复杂的发展环境。从国内来看，我国已转向高质量发展阶段，质量变革、效率变革、动力变革正在加快推进，要求行业服务向专业化和价值链高端延伸，从鉴证服务向增值服务拓展，大力提升发展能级和竞争力。注册制的推行和新《中华人民共和国证券法》的贯彻实施，对进一步强化以信息披露为核心的监管理念、提升行业高质量审计服务能力提出了新的要求。这些都对行业职业标准、服务能力、服务质量以及行业监管提出了新的挑战。与此同时，党的十九届五中全会提出了加快构建新发展格局的战略构想，强调要建设高标准市场体系，加快发展现代服务业，引导社会组织有序承接政府转移职能和公共事务，这些不仅有利于优化行业发展环境，也将为行业发展和行业价值提升提供新的机遇。面对新形势新要求，行业要紧紧围绕国家"十四五"时期新目标、新任务，牢牢把握新发展阶段，全面贯彻新发展理念，深度融入新发展格局，扎实推进行业改革发展各项工作，助力提升国家治理体系和治理能力现代化。

　　在行业发展取得长足进步的同时，我们也要看到当前行业面临发展质量特别是审计质量与公众需要和经济社会高质量发展要求之间的矛盾，具体表现为行业人才与行业业务多元化发展不相适应、行业信息化水平与数字强国战略不相适应、行业执业环境与行业高质量发展的愿望不相适应、行业治理与行业专业化和职业化发展的要求不相适应。

　　"十四五"时期是注册会计师行业应对变局，开拓新局，实现高质量发展的关键时期，行业要深刻认识自身发展面临的机遇和挑战，深刻认识自身发展的优势和不足，深刻认识自身转型发展的必要性和紧迫性，总结经验，遵循规律，找准方向，提出举措，确保行业发展始终与党的要求和国家发展同频共振。

二、"十四五"时期行业发展总体要求

（三）指导思想。高举中国特色社会主义伟大旗帜，深入贯彻党的十九大和十九届二中、三中、四中、五中全会精神，坚持以马克思列宁主义、毛泽东思想、邓小平理论、"三个代表"重要思想、科学发展观、习近平新时代中国特色社会主义思想为指导，全面贯彻党的基本理论、基本路线、基本方略，科学把握新发展阶段，坚持贯彻新发展理念，以服务国家建设为主题，以诚信建设为主线，以改革创新为根本动力，以维护市场经济秩序和公众利益为根本目的，加快构建行业高质量发展体系，服务构建新发展格局，着力推进行业专业化、标准化、数字化、品牌化、国际化建设，充分发挥行业在财会监督方面的职能作用，对标国际一流水平，将行业打造成为现代高端服务业标杆，为全面建设社会主义现代化国家贡献行业力量。

（四）基本原则。

——坚持党的全面领导。坚持党对行业的全面领导、将党的领导贯穿行业改革发展各个方面。坚持和完善党领导下的行业治理体制机制，不断提高行业治理能力和水平，为实现行业高质量发展提供根本政治保证。

——坚持主题主线。以服务国家建设为主题，以诚信建设为主线，不断提升行业服务政治、经济、文化、社会和生态文明建设的新境界。坚持和完善行业诚信制度建设，加强诚信教育和宣传引导，增进市场和公众对行业的专业倚重和道德信赖，在服务国家建设大局中发挥行业职能、实现行业价值。

——坚持维护公众利益。坚持以维护市场经济秩序和公众利益为根本目的，正确处理行业利益和社会公众利益的关系，不断提高行业服务能力，切实发挥行业服务社会、服务国家的职能作用。

——坚持新发展理念。坚定不移贯彻创新、协调、绿色、开放、共享的新发展理念，把新发展理念贯穿行业发展全过程和各领域，转

变发展方式，实现行业更高质量、更高效率、更加健康、更可持续、更为平衡的发展。

——坚持深化改革。坚定不移推进改革，破除制约行业高质量发展的体制机制障碍，实施和强化有利于调动全行业积极性的改革举措，持续激发行业发展的内生动力。

——坚持系统观念。加强前瞻性研究、全局性谋划、战略性布局、整体性推进，统筹发展和安全，坚持全国上下"一盘棋"，更好发挥行业各方面的积极性，着力固根基、扬优势、补短板、强弱项，注重实现发展质量、结构、规模、速度、效益、平衡相统一。

（五）主要目标。

2035 年远景目标。到 2035 年实现注册会计师行业发展水平与我国综合国力和国际地位相匹配，注册会计师行业成为全面领先、具有国际竞争力的高端现代服务业。行业诚信水平、执业能力和执业质量明显提高，促进提高国家经济信息质量、维护市场经济秩序作用更加凸显。行业发展能级和竞争力迈上新台阶。行业人才队伍规模、素质和结构显著优化，会计师事务所整体竞争力强、信誉度高，拥有一批全社会广泛认可的知名度高、影响力强的会计师事务所品牌。行业标准和制度体系更加科学完备。行业基本实现数字化转型。行业执业环境明显改善，公平有序市场竞争机制基本形成。行业治理水平显著提升。注册会计师真正成为令人尊敬的职业，行业公信力、价值与地位、国际话语权以及影响力显著提升。

"十四五"时期主要目标。"十四五"时期，行业进入高质量发展新阶段。面对前所未有的机遇和挑战，行业迫切需要由注重规模和速度的外延式扩张向注重质量和效益的内涵式发展转型，即行业人才建设着力向素质提升转型、会计师事务所着力向做优做特和做专做精转型、行业业务着力向做好传统审计鉴证服务和拓展增值服务并重转型、行业信息化建设着力向数字化转型、行业国际化发展着力向服务国内市场和中国企业"走出去"并重转型。锚定 2035 年远景目标，综合考虑行业发展环境和发展条件，坚持目标导向和问题导向相结合，坚持守正和创新相统一，立足行业诚信水平提升以及审计质量和专业能力提高，围绕行业转型升级发展，今后五年行业发展要努力实现以下主要目标。

——行业专业化水平取得新提升。专业化是注册会计师行业作为专业服务业的本质特征。以职业道德、职业判断、职业怀疑为核心的专业精神是专业化的核心，专业胜任能力的培育和保持是专业化的基础。未来五年，行业人才队伍的层次、素质和结构进一步优化，基本能够适应行业全面服务国家建设的需要；着力选拔和培养180名左右高端人才，形成梯队合理、可持续发展的行业人才队伍；行业从业人员以专业知识、专业技能为核心的专业胜任能力明显提升，以职业道德、职业谨慎和职业怀疑、追求精进、终身学习为核心的专业精神显著提高，以维护公众利益、诚信、独立、客观、公正和勤勉尽责为核心的专业形象明显提升。

——行业标准化建设取得新成果。专业标准体系更加健全和完善，包括审计准则、职业道德守则、质量管理准则在内的职业准则体系整体保持与时俱进。在实现与国际准则动态互动趋同的同时，增强准则的可操作性。吸收、借鉴新理念、新技术、新方法，提高注册会计师的执业能力，促进行业执业质量和效率的提升。推进专业标准体系贯彻实施到位，发挥专业标准在推动行业规范化、专业化发展方面的"龙头"作用，使之持续成为提升行业诚信水平的重要制度保障。

——行业数字化转型取得新突破。行业标准化、数字化、网络化、智能化水平明显提升，行业产业数字化和数字产业化发展取得明显进展。行业数据标准体系完善，行业数据资源汇集成效显著，行业大数据分析应用水平显著提升。网络安全建设和系统技术架构达到新水平。完成注协机关协同办公系统建设，管理运行效率和知识共享能力明显提升。优化行业管理信息系统，促进管理网络化、服务信息化和程序规范化。行业诚信信息监控体系更加完善，各级各类信息系统互联互通明显改善。大型会计师事务所智能化升级有序推进，中小型会计师事务所作业和管理信息化产品的普及率大幅提高，推进函证数字化发展，会计师事务所通过信息化手段提升审计质量和审计效率。

——行业品牌化建设取得新成效。会计师事务所品牌化建设激励机制较为完善，以创建品牌树立良好信誉的行业文化初步形成，以品牌建设促进执业质量提升成效显现。通过科学有效的品牌激励、管理和评价机制，打造 10 家左右社会公认信誉好、能力强、质量高且具有较强国际竞争力和影响力的大型优质会计师事务所品牌，打造一批在区域市场或细分领域具有较强竞争力和较高信誉度的中小会计师事务所品牌。

——行业国际化发展取得新进展。职业准则持续保持动态国际趋同，国际趋同原则中互动原则得到充分贯彻。参与国际规则制定和国际组织治理力度加大，在国际审计行业治理和准则制定中的参与度和话语权明显提升。培养一批具备外国语言能力和跨文化沟通合作能力、精通国际会计审计业务的国际化人才。推进会计师事务所国际服务网络建设，提高中国成员所的影响力和全球资源调配能力，为中国企业"走出去"和"一带一路"的实施提供高质量服务。中国注册会计师资质的国际推介成果更加显现，中国注册会计师国际影响力和认可度逐步提升。

三、持续加强行业诚信建设

坚持以诚信建设为主线，强化行业诚信意识，树立行业诚信形象，完善行业诚信体系，夯实行业诚信文化，加强常态化诚信教育，切实把诚信建设要求贯彻到考试、注册、培训、监管等行业管理和服务工作各个环节，贯彻到会计师事务所和注册会计师的执业实践中，真正以诚信驱动行业审计质量提升。

（六）加强职业道德建设。持续修订完善注册会计师职业道德守则，突出维护公众利益宗旨，严格独立性要求，强化对职业道德基本原则的遵循，推进职业道德与专业素质相结合。推动会计师事务所将从业人员职业道德守则遵循情况作为年度考评晋级的重要参考，切实推动职业道德守则落到实处。

（七）健全行业诚信体系。完善行业诚信信息监控体系，健全行业诚信档案，完善行业诚信制度，继续公开以奖惩记录为主要内容的行业诚信信息，强化行业诚信约束。倡导行业开展诚信宣誓和自律公约，树立行业诚信形象。进一步完善以职业道德守则为核心、以行业诚信信息监控体系为技术支撑、以行业相关制度为保障、以诚信宣誓和自律公约为引导、以行业党建工作为政治保障的行业诚信体系。

（八）夯实诚信文化建设。坚持诚信文化建设主题活动常态化，增强行业诚信自觉、诚信自信、诚信自强，促进诚信为本、和谐为轴、专业为重、务实为要的行业诚信文化的形成，实现诚信文化建设与行业发展的紧密结合，推动诚信文化建设落到实处。

四、推动完善行业法律制度体系

坚持以全面依法治国方略为指导，加强行业法治建设，推进行业依法治理，推动完善行业法律法规，建立健全行业管理制度，提高行业审计质量。维护广大会员合法权益，增强全行业法治意识，运用法治思维，依靠法律保障，改进和加强行业管理与服务。

（九）参与、推动行业相关法律法规的修订。参与、推动加快修订《注册会计师法》，在坚持过罚相当原则的基础上，以区分故意和过失、会计责任和审计责任为切入点，合理界定注册会计师民事赔偿责任，适度加大行业违法违规成本，压实注册会计师和会计师事务所法律责任，针对不依法配合或不法干预注册会计师正当执业的行为设定相应法律责任，探索建立科学合理的职业责任鉴定机制，完善职业责任保险和职业风险基金管理。密切跟踪、深入研究《会计法》《公司法》《破产法》《招标投标法》《合伙企业法》《证券法》等行业相关法律法规和司法解释的修订工作，及时沟通协调有关部门，积极反映行业合理诉求。

（十）健全行业管理制度体系。立足行业高质量发展，修订注册会计师考试组织管理办法、注册会计师注册办法等行业管理制度，完善行业人才选拔、培养、任职资格检查、执业情况检查等行业管理规范，全方位构建更为健全有效的行业管理制度体系。

（十一）完善职业准则、规则。与时俱进完善职业准则体系，推动其有效实施，充分发挥其对专业服务的规范和引领作用。拟订完善风险评估、会计估计审计、集团审计、温室气体排放鉴证、特殊目的审计、服务机构鉴证、商定程序等准则。深入研究数字技术对行业服务手段、服务质量、服务效率和服务风险的影响，制定和修订相关准则和规则，提高注册会计师发现和应对舞弊的能力。跟踪准则实施情况，发挥技术咨询作用，及时回应行业关切，跟踪研究解决银行函证问题，指导会计师事务所建立健全质量管理体系。做好实务指南和问题解答工作，提高会计师事务所理解和执行准则的能力，及时提供专业技术支持。

五、完善人才培养机制

继续深入实施行业人才战略，推进行业人才培养向素质提升转型，完善人才培养制度，健全人才培养体系，激发人才创新活力，提升行业人才吸引力，全面提升行业人才队伍的专业服务能力和职业道德水平。

（十二）进一步深化考试制度改革。紧扣国家对注册会计师人才的需求，对标国际一流水平，坚持职业导向、原理导向和考生友好导向，进一步完善考试基本制度、组织管理制度和质量保证制度。持续优化组织实施流程，推动考试违规行为处理办法等考试组织管理制度修订工作，促进考试工作更加科学化、精细化，不断提高考试组织管理和服务水平。推进题库建设，到 2025 年初具规模。加强中国注册会计师资质的国际推介，提升国际影响力和认可度。

（十三）深入实施行业高端人才培养工程。拓展人才培养宽度和深度，构建科学化、规范化、国际化的行业高端人才培养体系，坚持全方面培养、全过程跟进，补齐专业短板。发挥行业高端人才引领作用，促进高端人才反哺行业。持续增加行业高端人才培养数量。不断优化专业领域、分布区域结构，提高国际化、数字化、管理型、复合型等高端人才的比重。优化行业高端人才选拔培养模式，制定和完善高端人才培养制度。建立行业高端人才信息化网络管理平台。加强与相关部门沟通协调，推动行业高端人才激励政策的制定和完善，提高行业引进和培养高端人才的激励力度。

（十四）持续加强行业继续教育工作。适应社会对注册会计师知识结构、能力水平的要求，加强人才职业化和职业道德培训，修订中国注册会计师胜任能力指南和继续教育制度，完善注册会计师继续教育体系。构建会员培训服务体系，优化各级注册会计师协会、会计师事务所、培训机构等主体的定位分工，充分借助国家会计学院的培训平台功能，提高行业培训资源配置水平。建立多层级人才培养体系和培养机制。开发适应新形势新要求的注册会计师胜任能力全要素模块课程，加强师资库建设。完善非执业会员继续教育制度，推动地方注册会计师协会研究改进非执业会员培训。利用信息网络技术，搭建适应行业新阶段发展要求的继续教育平台系统。

（十五）加强行业后备人才培养工作。推动行业与高校合作，提高行业在高校的影响力、吸引力。持续做好注册会计师专业方向核心课程师资培训。继续选送优秀学生到国际会计公司实习，进一步完善定向培养制度。各级注册会计师协会与会计师事务所、注册会计师专业方向院校共建实践型教学基地，促进行业师资与高校师资的交流和互动。

六、培育优质会计师事务所

会计师事务所是行业提供专业服务的主体。推进会计师事务所发展向做优做特、做专做精转型，完善会计师事务所内部治理，有效推动和支持会计师事务所提升服务能力。

（十六）推动会计师事务所做优做特、做专做精。加强政策指导和扶持力度，以做优做特、做专做精为导向，培育一批优质会计师事务所。改革完善综合评价指标体系，研究推出分类评价标准，优化评价指标，规范评价程序，强化评价宣传，推动评价成果应用，将会计师事务所综合评价打造成具有强大公信力和国际影响力的品牌。激励和支持会计师事务所提升综合服务能力。研究出台适合中小会计师事务所特色业务的标准和指引，探索建立中小会计师事务所业务交流机制。支持优特专精会计师事务所的发展壮大。加强中小会计师事务所和欠发达地区会计师事务所的指导和帮扶。支持会计师事务所加大新科技的研发和应用，协调相关部门，探索建立会计师事务所创新研发和科技应用的激励机制，争取与其他行业机构在税收、高新技术资格认定等方面享有同等待遇。

（十七）深化会计师事务所内部治理建设。修订完善会计师事务所内部治理指南。推动会计师事务所完善内部体制机制，持续提升一体化水平，真正实现人员调配、财务安排、业务承接、技术标准、信息化建设的实质性一体化管理。推动制定会计师事务所一体化水平衡量指标，将之纳入会计师事务所综合评价指标体系，引导会计师事务所切实提升内部管理水平，推动会计师事务所可持续发展。推动会计师事务所建立和完善适合行业高质量发展要求的合伙人（股东）治理机制。倡导会计师事务所树立"人合、事合、心合、志合"的治理理念，形成诚信、合作、民主、和谐的治理文化。

（十八）强化会计师事务所质量控制和风险管理。对标会计师事务所质量管理准则，推动会计师事务所建立健全质量管理体系，推动会计师事务所建立以职业道德、执业质量为关键标准的业绩评价体系和晋升机制。加强行业风险警示教育，强化会计师事务所风险管理意识，提高行业整体风险警示识别、评估和应对能力。研究制定会计师事务所发布透明度报告制度，提高公众对行业的信任度。推动会计师事务所优化内部质量管理环境，建立崇尚质量、尊重专业的内部文化。

（十九）加强会计师事务所品牌建设。倡导会计师事务所树立品牌文化，促进会计师事务所提升品牌意识，鼓励和支持会计师事务所将品牌建设与诚信建设、战略实施、文化建设、人才建设、业务发展相结合。建立会计师事务所创建和维护品牌的激励机制，以品牌建设引领和推动行业执业质量提升。构建会计师事务所品牌管理体系，建立会计师事务所品牌监控与评价机制。推动会计师事务所建立健全风险防御机制，为会计师事务所打造"百年老店"品牌保驾护航。

七、加强服务市场建设

继续深入实施行业新业务拓展战略，推动行业业务向传统审计鉴证服务和拓展增值服务并重转型，服务不同层级市场主体高质量发展要求，健全行业服务市场体系基础制度，优化行业执业环境，坚持平等准入、开放有序，形成高效规范、公平竞争的统一服务市场，为行业提升审计质量提供良好外部条件。

（二十）积极拓展服务领域。研究拓展行业业务范围，指导并推动会计师事务所拓展新业务，开发市场需求，创新服务品种，转变服务方式，扩大行业综合服务供给，行业业务总收入保持年均10%以上的增长。积极发挥行业在数据处理上的传统优势和专业潜力，深化大数据的审计作业应用，灵活运用或自研数据分析工具，拓展基于数据的产品和服务。指导并鼓励会计师事务所服务政府职能转变、财政绩效评价、国企改革、国资监管体制改革、生态环境保护、乡村振兴、财经领域监督、注册制改革、多层次资本市场建设，以及京津冀协同发展、长三角一体化、粤港澳大湾区、长江经济带发展、海南自由贸易港、东北全面振兴、西部大开发、中部地区崛起等区域协调发展战略，加快融入制造业升级、"两新一重"建设和新业态产业发展，助力国家可持续、绿色发展，提高行业在5G网络和相关基建、"大智移云"等新型基础设施建设，生命健康、生物科技、金融科技、新材料等战略性新兴产业，以及法治政府、法治社会建设等领域的服务能力。

（二十一）治理不正当低价竞争。研究推动政府购买专业服务政策落地，建立公开、透明、无歧视的招投标程序。研究探索改革审计委托机制。推动完善现行招投标制度，推动采用竞争性磋商采购方式，切实改变"低价者得"局面。推动相关部门落实财政部《关于促进政府采购公平竞争优化营商环境的通知》，清理、取消中介机构备选库、入围名单、执业地域限制等限制市场竞争的准入许可，不断提升行业执业环境市场化、法治化水平。加强行业风险教育，引导会计师事务所根据自身执业能力承接业务。加强审计收费的信息报备和监测，对收费明显低于行业平均水平的会计师事务所执业情况进行重点监督检查。严肃整治不顾审计质量、恶意压价竞争，对超出能力范围承接业务、导致审计质量问题的会计师事务所和注册会计师，加大自律惩戒力度。推动会计师事务所完善服务定价机制，建立与工作量、业务风险和服务质量相匹配的服务收费机制。

（二十二）加强行业宣传。深入开展行业法治宣传教育。建立行业重大事件监测与响应机制。加强行业正面宣传引导，采用多种形式多种渠道，加大对行业执业特征、职能作用、价值贡献、先进事迹、公益活动等的宣传力度，树立行业正面形象，提高会员的归属感和荣誉感，引导社会各界对行业的正确认知，鼓励行业专业人士积极参政议政，为社会经济发展做出贡献，营造促进行业创新发展的舆论氛围。

八、提升行业国际化发展水平

继续深入实施行业国际化发展战略，推进行业发展向服务国内市场和中国企业"走出去"并重转型，对标国际一流水平，加强行业执业队伍、专业标准和服务市场的建设，加大参与行业国际治理的力度，逐步提升行业国际地位和影响力。

（二十三）持续推进准则国际趋同。跟踪国际准则最新成果，结合行业实际情况，持续健全和完善相关审计准则体系、质量管理准则体系和职业道德守则体系。保持与国际准则动态趋同，加强与国际准则制定机构之间的互动，使国际准则制定机构在制定准则的过程中充分考虑中国的具体情况，为国际准则的完善做出积极贡献。

（二十四）加快拓展国际市场。顺应国家更高水平对外开放政策要求，推动国内国际会计服务市场的相互协调促进。研究推动出台更多支持会计师事务所发展国际业务的政策措施，更好地为我国企业境外发展提供支持和保障，为外资企业在我国发展提供专业服务。推广会计师事务所国际化发展经验，加强对会计师事务所国际化业务的研究与技术援助。支持会计师事务所自主创建国际网络，在境外设立分支机构或办事处，充分利用国际网络技术管理优势，提升会计师事务所国际业务能力。支持会计师事务所加入国际网络并利用国际网络的资源做好自己的事情，参与国际网络的治理和管理，鼓励加入国际网络的会计师事务所持续发挥国际化优势，提升其在国际网络中的影响力。

（二十五）积极参与会计行业国际治理。持续大力向国际会计师联合会和亚太会计师联合会推荐优秀专业人士任职，深入参与国际会计师行业改革与发展。完善行业国际交流合作体系，拓展与国际及境外会计师职业组织合作的广度和深度，承办会计师职业高层次、高水平、有影响力的国际会议，有效利用国际资源、借鉴国际经验推动行业发展。完善对外宣传机制，多渠道、多方式宣传中国注册会计师行业，提升行业国际形象与影响力。

九、持续加强行业监管

贯彻"放管服"改革精神，适应行业发展法律环境和政策环境要求，创新监管理念，完善监管制度，健全监管机制，加大监管力度，拓展监管服务，加强监管协同，提高监管成效，以有效监管促进行业诚信水平提高和审计服务质量提升。

（二十六）丰富监管手段。健全会计师事务所执业异常情况监测机制，探索建立基于前沿信息科技的监管平台与工具，实现风险自动预警功能。健全约谈和质询制度。完善对投诉举报、媒体质疑等事项的处理机制。加大对调查和惩戒信息的披露力度，提高惩戒威慑力。加强监管队伍建设，丰富和完善自律监管措施，健全行业诚信信息监控体系和注册会计师执业监测系统，推动建立涵盖事中事后监管、信用监管在内的综合监管机制。

（二十七）加大监管力度。加强对会计师事务所、注册会计师审计独立性的监管，强化风险预警和提示。加强对会计师事务所事中事后监管，完善行业执业质量检查制度，持续加强上市公司年报审计监管。优化"双随机、一公开"的检查机制，将随机抽取的比例和频次与会计师事务所的信用水平、执业情况挂钩，对有不良信用记录、执业情况实时监测中发现异常情况的会计师事务所加大抽查力度。实现对审计市场有重大影响的会计师事务所三年一个周期的执业质量检查全覆盖。完善惩戒申诉机制，优化工作流程，加大对会计师事务所关键岗位人员的责任追究力度。

（二十八）拓展监管服务。深入开展上市公司年度审计情况分析，及时对行业执业风险进行提示。充分利用监管成果，开展综合分析，编发典型案例。加强对会计师事务所从事证券服务业务的评估和辅导，开展执业质量检查"回头看"，深化周期帮扶机制，加强专业技术支持。

（二十九）强化监管协同。完善联合监管机制，强化不同监管主体之间的协调联动。推动建立监管主体相互间沟通平台，协调监管行动，统一监管标准，发挥各自监管优势，提高监管效能，促进监管信息和监管成果相互利用，促进财会监督等各类监督形式有机贯通、相互衔接，有效解决多头监管、重复监管问题，形成行政性监管、行业性惩戒和市场性惩罚等措施多管齐下并相互衔接、社会力量广泛参与的严重违法失信联合惩戒格局。

十、深入推进行业信息化建设

以网络强注会为目标，统筹推进"会计师事务所信息化、行业管理服务信息化、协会办公信息化"总体布局，协调推进"标准化、数字化、网络化、智能化"战略布局，实施行业信息化"3456"工程，即3项行业信息化基础任务、4项行业数据应用任务、5项行业管理服务与协会办公信息化任务、6项会计师事务所信息化任务，以信息化推动行业高质量发展。

（三十）加快信息化基础研究与建设。完善行业信息化建设基础体系，提升行业信息化建设的标准化水平。围绕信息系统的高并发、高可用、高性能和先进性，结合业务逻辑和应用场景，在建设信息系统时，选择安全、稳定、先进的系统技术架构。围绕审计数据采集、审计报告电子化、行业管理服务数据、电子签章与证照等领域，按照继承、发展和创新原则，推动构建科学适用的行业数据标准体系。贯彻落实国家网络安全法，提升网络安全意识和网络安全防护能力，确保应用系统和数据资产安全。

（三十一）提高数据支撑服务能力。强化数据治理，提高数据质量，推进数据资源整合与共享，提升数据挖掘应用能力，推动行业的数字化转型发展。协调共享会计师事务所执业和行业管理服务所需的财政、银行、工商、税务和公安等政务数据资源，发挥数据生产要素对行业发展的创新引擎作用。以行业管理信息系统为枢纽，探索行业协会与会计师事务所之间数据共享，逐步形成行业数据中心。深化大数据在会计师事务所审计作业中的应用，拓展基于数据的产品和服务。提升行业数据挖掘分析应用能力，服务国家宏观经济运行情况分析与预测。

（三十二）推进行业管理服务与协会办公信息化建设。优化行业管理信息系统，推动重点业务领域系统建设。完善行业诚信信息监控体系，优化"全面记录、实时监控、有效披露"功能，与注册会计师执业监测系统，共同形成行业社会监督运行机制，成为社会信用体系的有效组成部分。完成注协机关系统协同办公系统建设，提升内部管理运行效率，提高决策效能，实现行业协会之间的公文交换与通信功能。完善信息化相关制度，促进各级各类信息系统互联、数据共享，形成行业信息系统的网络化生态。

（三十三）加强会计师事务所信息化建设。按照统筹推进、分类指导思路，围绕会计师事务所治理、质量管理和审计作业等领域，促进自主研发或市场采购，有序推动会计师事务所信息化建设普及和智能化升级，提高信息化治理水平。大型会计师事务所要综合运用现代信息技术，打造覆盖审计全流程的智能审计作业平台及辅助工具，建设覆盖总分所业务管理和办公管理的一体化综合管理系统。中小型会计师事务所要根据业务特色，普及应用审计作业和内部管理信息化产品。探索研究现代信息技术的融合应用，培育新技术、新产品、新业态、新模式。集中行业优势资源，研究推动函证数字化工作。丰富信息化实现路径，搭建行业共享技术平台。

十一、加强行业治理机制建设

坚持"党的全面领导"在行业治理机制中的核心作用，进一步健全行业民主治理制度体系，加强注协系统建设，大力提升行业管理和服务水平。

（三十四）完善行业治理机制。完善行业治理体制，构建党的领导、法律授权、政府监督、行业自律、科技支撑的行业治理体制，推动行业治理能力提升。深入推进简政放权，适宜由注册会计师协会行使的职能和管理的事务，探索通过职能转移、授权委托和购买服务等方式，剥离和移交给注册会计师协会。坚持行业民主协商、民主决策，坚持发挥会员在行业治理中的主体作用。健全会员代表大会、理事会、监事会和秘书处"三会一层"的治理机制，发挥理事会（常务理事会）和监事会的决策与监督作用，丰富专门（专业）委员会开展专业活动的方式，充分发挥专门（专业）委员会作用。

（三十五）加强注协系统建设。推进注协秘书处改革发展，加强各级注协秘书处机构建设、队伍建设、作风建设，在党的领导下，充分发挥各级注协"服务、监督、管理、协调"的职能作用。

（三十六）提升行业管理和服务水平。强化会员发展工作，优化入会程序，提高会员管理和服务的信息化水平。建立健全会员管理和服务的相关制度体系。搭建会员服务数字化平台，全面实时掌握会员数据信息，针对不同地区、不同规模、不同层级的会员需求，提供全方位、多层次、多方式的线上线下会员服务，实现精准服务、靶向管理。规范完善会费政策，加大行业重点领域的投入，提高会费资金的使用成效。完善维权机制，加大维权力度，切实维护会员合法权益。

十二、持续加强行业党的建设

贯彻新时代党的建设总要求和党的组织路线，落实全面从严治党战略部署，加强党对行业工作的领导，建立健全行业党的组织体系建设，促进党建业务相融合，推动行业党建实现新突破，提升党建工作质量，以党的建设促进行业高质量发展。

（三十七）推进落实行业党建制度。推进落实行业党建工作责任制，完善行业党建责任体系，层层压实党建责任。推进落实行业党内监督制度，建立健全行业纪检机构，探索行业监督执纪工作规范，把党员违法违规及执业惩戒与党内处理紧密衔接起来。推进落实行业党建工作考核制度，巩固完善行业党建工作考核体系，探索行业党建工作考核结果运用。

（三十八）改革完善行业党建支撑体系。完善行业党务工作者教育培训体系，以行业党校为平台，统一规范、分层分类健全行业党员队伍教育培训体系。构建行业党建信息化管理体系，实现党员和基层党组织统计动态管理、工作实时考核、党员组织关系网上转接、党内政治生活网上开展。

（三十九）夯实会计师事务所党组织基础。持续整顿软弱涣散会计师事务所党组织，推进全面从严治党落实到每个会计师事务所党支部。推进建立会计师事务所党务业务联席会议，确保党建与业务"同研究、同部署、同落实"。结合信息化建设落实会计师事务所党建工作手册，推进会计师事务所党支部标准化规范化建设。

（四十）加强行业统战群团建设。贯彻《中国共产党统一战线工作条例》。组织行业从业人员学习领会习近平新时代中国特色社会主义思想，践行社会主义核心价值观。加强行业代表人士队伍建设，坚持

"发现、培养、推荐、使用"原则，支持从业人员有序政治参与。创新统战工作载体方法，探索建设具有行业特点的统战工作实践创新基地。夯实基层共青团组织建设，支持各级青年团组织开展助力青年成长成才活动，激发行业青年投身国家建设和行业高质量发展的动力活力。

十三、组织实施

坚持党对行业改革发展的集中统一领导，充分调动一切积极因素，广泛团结一切可以团结的力量，形成合力扎实有序推进行业高质量发展。

（四十一）强化组织领导。推动行业各级党组织和广大从业人员统一思想，达成共识，充分发挥行业各级党组织战斗堡垒作用和党员先锋模范作用，为规划落实注入动力。牢固树立行业上下"一盘棋"意识，充分调动各级注册会计师协会和各会计师事务所投入到规划落实中来的积极性，形成行业上下步调一致、齐抓共管的强大合力。

（四十二）加强统筹协调。各级注册会计师协会要加强对本地区行业发展的统筹谋划，建立健全政策协调和工作协同机制，推动行业发展各项政策措施的出台和落实。充分激发会计师事务所、广大注册会计师和从业人员的主体意识和进取精神，进一步发挥其在行业发展中的主体作用，形成促进行业发展的最大合力。

（四十三）确保责任落实。建立健全对行业规划任务措施的督促落实机制，确保行业规划任务措施落到实处。适时组织实施行业规划实施情况评估，确保党和国家关于行业建设各项决策部署落到实处，确保行业各项改革发展措施执行到位。

（四十四）加强理论研究。加强行业发展理论与实务研究，为行业建设提供理论支撑和智力支持。充分发挥高等学校、科研院所等智库作用。调动和利用行业内外各方面力量，组织开展行业发展重大问题研究，着力破解行业发展难题。

各省、自治区、直辖市注册会计师协会可以根据本规划，结合本地实际，制定本地区行业发展规划。

附录 13：财政部关于印发《关于加强新时代注册
会计师行业人才工作的指导意见》的通知

各省、自治区、直辖市、计划单列市财政厅（局），新疆生产建设兵团财政局，北京国家会计学院、上海国家会计学院、厦门国家会计学院，有关单位：

为全面贯彻习近平总书记关于做好新时代人才工作的重要思想和党中央、国务院决策部署，进一步加强新时代注册会计师行业人才工作，我部制定了《关于加强新时代注册会计师行业人才工作的指导意见》。现印发给你们，请结合本地实际，认真贯彻落实。

附件：关于加强新时代注册会计师行业人才工作的指导意见

财政部

2022 年 6 月 22 日

附件：

关于加强新时代注册会计师行业人才工作的指导意见

注册会计师是服务国家建设的一支重要专业力量，人才是行业的第一资源，是行业高质量发展的基础和支撑。在党中央、国务院的亲切关怀下，在财政部党组的坚强领导下，行业始终坚持党对人才工作的全面领导，坚持以人才战略引领行业发展，行业人才建设取得了显著成绩，基本建立涵盖人才"选、用、管、育、留"各环节的制度体系和工作体系，人才队伍规模快速扩大，人才素质不断提升。同时，面对新形势新任务，行业人才队伍还不能完全满足服务国家建设和行业高质量发展的客观需要。为进一步推动行业人才工作整体上台阶，更好服务国家建设，现就加强新时代注册会计师行业人才工作提出以下意见。

一、总体要求

（一）指导思想。以习近平新时代中国特色社会主义思想为指导，全面贯彻习近平总书记关于做好新时代人才工作的重要思想和党中央、国务院关于新时代人才工作的重大决策部署，贯彻落实《国家"十四五"期间人才发展规划》，全面加强党对人才工作的领导，牢固确立人才引领发展的战略地位，深入实施新时代人才强国战略，紧紧围绕服务国家建设这个主题和诚信建设这条主线，充分运用"全生命周期"理论的闭环管理、精准施策思维，提高行业人才建设的战略性、系统性谋划，不断完善、提升行业人才工作制度建设和工作体系建设的各个方面，推动行业人才工作整体上台阶，形成育才、聚才、用才的良好环境，提升行业自律性、公正性和专业化水平，推动行业高质量发展，更好服务国家建设。

（二）基本原则。坚持党管人才。坚持为党育人、为国育才，在财政部党组和财政部人才工作领导小组领导下，将政治标准放在行业人才工作的首要位置，将政治引领贯穿于行业人才工作的始终，确保行业人才队伍和各级注册会计师协会（以下简称各级注协）干部队伍"两支队伍"正确的政治方向。

坚持服务发展。把服务国家建设作为行业人才工作的根本宗旨，面向经济主战场、面向国家重大需求、面向未来，把行业"两支队伍"聚集到服务"五位一体"总体布局和"四个全面"战略布局的各环节、各领域，以行业的高质量发展服务国家经济社会的高质量发展。

坚持以人为本。遵循人才成长规律，立足行业职业特点，以实现行业人才职业道德和胜任能力全面提升为目标，形成有利于发现人才的选拔机制、助力成长的培养机制、人尽其才的使用机制、各展其能的激励机制，做到人才为本、信任人才、尊重人才、善待人才、包容人才。

坚持以德为先。始终把推动诚信建设作为行业人才工作的核心价值导向，坚持诚信为本、诚以力行、信以修身，将诚信建设贯穿行业人才工作的各环节，完善行业诚信建设体系，夯实行业诚信文化基础，加强常态化诚信教育和失信惩戒，全面提升行业职业道德水平。

坚持问题导向。在继承行业人才工作现有体制机制优势的基础上，系统梳理行业人才工作中的问题和不足，科学研判、找准病因、综合施策、守正创新，改进和完善行业人才工作体制机制，优化、创新行业人才工作管理和服务内容，建立健全基于闭环管理的制度体系和全流程系统性的工作体系，推动行业人才工作迈上新台阶。

坚持闭环管理。围绕行业人才"选、用、管、育、留"，统筹抓好学历教育、资格考试、注册管理、继续教育、人才留储、人才使用、人才监管各环节（以下简称行业人才工作各环节）的制度安排和工作安排，打造适应市场经济发展需求，被市场和公众普遍认可、专业倚重、道德信赖的行业人才队伍。

二、建立健全行业人才工作体制机制

行业人才工作体制机制是行业人才工作正常推进和各项任务有效落实的重要保障。建立健全行业人才工作体制机制，明确行业人才工作各主体的关系、职责，统筹推进行业人才各项工作，形成行业人才工作"全国一盘棋"的管理格局。

（一）建立健全各方支持、上下贯通、协调一致的行业人才工作管理体制。财政部是全国行业主管部门，财政部人才工作领导小组加强对行业人才工作的统筹与指导，增强与国家人才工作主管部门、国家教育主管部门及中央统战部门的沟通，确保行业人才工作的正确方向。省级财政部门是地方行业主管部门，要统筹本地区行业人才工作，积极争取各级人才工作主管部门、教育主管部门、统战部门等对行业人才工作的支持，大力营造行业人才发展的良好环境。要进一步完善行业人才工作实施体系，建立包括各级财政部门、各级注册会计师协会、国家会计学院、会计师事务所和注册会计师专业方向院校、社会职业培训机构在内的多层次、系统性的行业人才工作实施体系，合力确保行业人才工作各项政策措施落地见效。

（二）建立健全全流程、系统性的行业人才工作体系。结合行业特点和实际，围绕行业人才的"选、用、管、育、留"，健全完善"学历教育、资格考试、注册管理、继续教育、人才留储、人才使用、人才监管"的工作框架，梳理行业人才工作各环节以及各环节衔接的薄弱点，统筹实施，补短板、强弱项，保证行业人才工作规划和执行的有机衔接。要建立健全行业人才工作执行机制和责任承担机制，建立统一规划、统一部署、统一推进、统一考核"四统一"的工作执行机制，夯实"明责、履责、追责"的责任承担机制，畅通人才工作渠道、压实各方主体工作职责。

（三）建立健全闭环管理的行业人才制度体系。以建立健全涵盖人才"选、用、管、育、留"等各方面、全链条的行业人才工作制度体系为着眼点，持续完善"制定—实施—评估—完善"的制度体系闭环管理机制。制度的制定，要坚持开门问政，主动加强同有关部门的协调、与业内人士的沟通，切实提高制度制定的科学性、有效性和可行性；制度的实施，要加强对制度执行情况的指导与跟踪，确保各项政策措施得到不折不扣的落实；制度的评估和修订，要坚持定期对制度实施效果开展评估，及时发现制度存在的问题和短板，及时启动相关制度的修订工作，推动制度的建立与实施在闭环管理机制下良性有效运行。

三、健全完善行业人才工作体系和制度体系

行业人才工作体系和制度体系建设贯穿于行业人才工作的始终，是推动行业人才工作向上向好的根本保障。要健全完善行业人才工作体系和制度体系，进一步理顺行业人才各环节之间的关系，加强行业

人才工作的系统性和前瞻性，促进行业人才工作各环节制度持续完善、工作有机衔接。

（一）建立行业人才工作前瞻性引导机制。做好行业人才供需发展指引，建立分析国内外政治经济、科学技术、社会发展形势对行业人才的供需影响的机制，定期发布行业人才供需影响分析报告，为行业及时调整人才工作相关政策提供参考。完善行业人才能力发展指引，面向未来经济社会发展对行业的需求，着眼于提升行业人才诚信道德水平和专业技能水平，适时更新我国注册会计师胜任能力指南，指导资格前教育、注册会计师资格考试、注册会计师继续教育等环节的工作。做好行业人才职业发展指引，深入分析行业人才职业生涯发展阶段、发展目标、需要的能力、面临的困境，适时发布注册会计师职业发展指引，指导各级注协和会计师事务所针对处于准备、探索、成长、成熟、超越、退出等不同阶段的人才，制定针对性扶持政策，并提供必要的资源支持。

（二）加强注册会计师专业方向学历教育与行业需求的衔接。大力提升注册会计师专业方向人才培养质量，引导注册会计师专业方向院校参照注册会计师胜任能力指南，持续完善注册会计师专业方向的课程体系，筑牢行业后备人才的专业知识基础，强化信息化、数字化等方面的技能储备，提升沟通、协作、创新等方面的能力素养，使得行业后备人才的教育培养与行业高质量发展需求紧密衔接、相互促进，推动注册会计师专业方向学科建设向"产学研"深度融合发展。加强中国注册会计师协会、注册会计师专业方向院校、国家会计学院、会计师事务所在师资培训、共建实习基地等方面的合作，健全完善行业后备人才联合培养模式。探索推动行业后备人才本、硕、博各阶段学历教育有机衔接，畅通行业后备人才能力素质持续提升渠道。

（三）稳中求进深化注册会计师考试体制机制改革。紧扣国家对注册会计师人才的需求，对标国际一流水平，坚持职业导向、原理导向和考生友好导向，进一步完善考试基本制度、组织管理制度和质量保证制度。持续优化组织实施流程，明晰压实各级财政部门、注册会计师考试委员会、注册会计师考试委员会办公室的责任，不断完善考试组织管理工作机制，提升考试管理工作的科学化、精细化水平。持续推进考试题库建设工作，在抓好命题专家队伍建设的同时，不断完善试题开发、审核、修改、入库、更新与维护机制，到 2025 年建立初具规模、动态调整、安全便捷的题库管理系统。加强中国注册会计师资质的国际推介，大力提升中国注册会计师资质的国际影响力和认可度。

（四）严格行业准入与退出管理。推动修订《中华人民共和国注册会计师法》及其配套制度，严格行业准入和退出管理。以现行注册管理制度体系为基础，完善个人会员（包括注册会计师和非执业会员）注册（登记）、任职资格检查（会员年检）、转所（转会）等规定，增强制度衔接。探索建立任职资格检查日常审查制度，建立清理注册会计师兼职挂名情况的长效机制。完善行业退出管理手段，探索建立健全以执业质量检查结果为导向的执业人员强制退出机制，将违法违规人员依法依规清理出行业队伍。

（五）持续推动注册会计师继续教育体制机制创新。加强对全国注册会计师继续教育工作（含非执业会员继续教育工作，下同）的统筹，逐步实现行业继续教育工作统一谋划、分级部署、分类实施、各司其职的工作格局。深化注册会计师继续教育体制机制改革，持续完善注册会计师教育制度，构建网络化、数字化、个性化、终身化的继续教育体系，推动培训理念由规模化向个性化转变，切实提升培训的针对性；推动培训从"学时达标"的基本要求向"学有成效"的更高标准转变，切实提升培训的实效性；推动培训工作数字化转型，搭建远程继续教育平台，提供移动化、自主化培训支持，切实提升培训的便利性；推动培训供给侧改革，适时引入多方参与的职业培训机构市场竞争机制，切实提升培训的多样性。坚持重点布局、梯次推进，推动北京、上海、粤港澳大湾区等行业人才聚集地区采取有力措施，坚持高标准，努力打造行业人才高地示范区，持续加强对西部地区行业人才工作的支持，加快形成行业人才培养的战略支点和雁阵格局。聚焦行业发展短板，加快重点人才培养培训工作，推动合伙人和后备人才、国际化人才的培养工作，加强与港澳会计职业组织的合作，合作推动港澳青年会计师的培养。

（六）创新行业人才留储体制机制建设。加强对行业人才留储工作的统筹指导，在畅通行业人才落户绿色通道、纳入地方人才培养体系、争取人才扶持优惠政策等方面积极寻求人才工作主管部门、教育主管部门等相关部门的支持。在合理界定行业法律责任、营造良好执业环境等方面积极推动修订相关法律法规，探索建立职业责任鉴定委员会，切实保障行业人才合法权益。逐步完善会计师事务所选聘机制，遏制恶性低价竞争行为，让会计师事务所业务收入回归正常预期，真正体现行业专业服务的价值，大力改善行业营商环境。针对行业人才流失问题，坚持综合施策，研究出台专项工作方案。推动各级注协加强行业人才留储机制探索，强化行业人才服务功能，搭建行业人才服务平台、行业人才推介交流平台和行业人才知识汇集分享平台，不断提升服务质量，拓展服务的深度、广度和内涵，持续增强行业的凝聚力和归属感。推动行业人才工作数字化转型，完善行业管理相关系统建设，上线"注册会计师"APP，打造"一站式"服务平台。加大对行业履行社会责任、服务国家建设的价值贡献的宣传力度，提升行业价值和社会声誉，增强行业的人才吸引力。引导会计师事务所切实担负留住人才的主体责任，深化内部治理，制定适应会计师事务所发展的人才发展战略，建立合理的人才培养制度、薪酬激励制度，形成科学的职务晋升体系，为搭建梯次化人才结构提供必要的资源保障，夯实行业留储人才的基石基础。

（七）持续优化行业人才使用机制建设。加强各级注协专门专业委员会建设，围绕服务行业发展需要，探索建立更加灵活的专门专业委员会增减机制；改革各专门专业委员会委员遴选机制和退出机制，完善专门专业委员会委员考核评价办法，把真正有能力、有热情的行业人才选出来、用起来，参与行业治理工作。充分借助现代化信息数字技术，建立健全行业人才档案，逐步形成行业人才大数据信息库，全方位记录人才专业背景信息、流动信息、执业信息、专业特长等，健全基于行业人才大数据信息、自荐与推荐相结合的人才遴选机制，为发现人才、推荐人才、使用人才奠定数据基础。加大对行业各类人才的使用力度，根据新时期财政工作需求，积极推荐优秀人才加入各级财政人才库。

（八）严格行业人才监管，优化行业人才发展环境。健全行业监管合作机制，深化各级财政部门间的协调配合，完善与立法机关、司法机关以及其他监管部门的沟通协调。加快行业统一监管平台和行业举报受理平台建设，推动监管协作与信息共享，强化对行业从业人员执业行为的日常监督。充分发挥各级注协贴近行业、身处一线的自律监管优势，建立健全全流程、全链条的行业自律监管体系，用好自律监管手段，坚持抓早抓小、防微杜渐，着力净化行业生态。坚持从严查处、惩教结合，对受到行政处罚、行业惩戒的注册会计师，强制增加继续教育学时，加大继续教育培训力度。加强行业诚信建设，研究修订行业诚信建设纲要，健全完善行业从业人员诚信档案，加大诚信教育在学历教育、职业教育中的比重，持续推动行业诚信文化建设，办好年度行业诚信论坛，积极引导广大行业人才坚持操守、诚信执业。

四、着力加强行业人才培养载体建设

人才培养载体担负着深化行业人才培养工作、推动行业人才能力素质持续提升的主渠道作用。要加强对行业人才培训资源的统筹，着力加强行业人才培训载体建设，充分调动各级各类行业人才培训载体的积极性和主动性，切实提升行业人才培训工作的针对性和有效性。

（一）抓好行业党校建设。各级行业党校是行业开展党支部书记、党务工作者、党员骨干教育培训工作的主要载体。要建立行业党校校委会章程、学员管理办法等制度，健全党校教学体系和课程体系，完善行业党校管理体制机制。要充分调动行业党校办学的积极性，依托各级党校（行政学院）和红色学院建立行业党员教育培训基地，举办各类示范培训班，提升行业党校办学水平。要着力提升各级行业党校办学的针对性，加强分类指导，建立分层级行业党校培训体系。

（二）抓细行业继续教育。国家会计学院和职业培训机构是行业针对广大注册会计师和非执业会员开展基础类继续教育的主要载体。要充分发挥国家会计学院在行业人才培养中的主渠道作用，支持国家会计学院特色化发展。针对行业的"急需紧缺"打造继续教育"招牌"课程，针对行业重点人才培养打造"精品高端"课程。要加强对社会职业培训机构的引导，鼓励社会职业培训机构依法依规参与继续教育培训工作，拓宽行业继续教育培训渠道，合力办好行业继续教育培训。要做好行业继续教育培训规划，结合行业实际和国家社会发展需求，制定行业年度培训计划，统筹国家会计学院和职业培训机构的培训课程供给。要创新继续教育手段，利用互联网信息技术，建立全国统一的继续教育线上培训平台，实现继续教育"线上看"、"掌上学"，逐步提高线上继续教育在继续教育中所占比重，切实提高继续教育的便利性。要持续改进继续教育质量考核制度，形成"能进能出"的继续教育培训机构动态调整机制，督促承担行业继续教育教学任务的培训机构持续加强教学管理、师资建设和课程开发。

（三）抓深会计师事务所培养载体建设。会计师事务所是行业人才职业发展、成长成才的基础阵地。要指导会计师事务所加强内部人才培养体制机制建设，按照一体化管理要求，建立符合自身发展的人力资源体系和梯次化的人才培养机制，建立健全内部培训制度，并将员工参加培训的情况纳入员工职务晋升考核评价体系，确保培训效率效果。要建立健全对具有培训资格的会计师事务所的认定、考核和评价机制，指导具有培训资格的会计师事务所提升培训能力、优化培训资源、改进培训方式、确保培训效果。要积极探索建立"人才培养示范所"经验交流机制，示范推动全国会计师事务所建立健全人才培养和评价体制机制。要推动会计师事务所优质培训资源的共享，指导和鼓励具备条件的会计师事务所创建人才培养学院。要健全完善会计师事务所综合评价制度，将会计师事务所人才培养、人才国际化情况，以及参与行业建设、服务国家建设的情况，纳入会计师事务所综合评价体系，引导会计师事务所加大对人才工作的投入。

（四）抓实注册会计师专业方向院校建设。注册会计师专业方向院校是行业后备人才的重要来源。要深化行业与注册会计师专业方向院校的务实合作，持续推动会计师事务所与注册会计师专业方向院校建立产学研联盟，开展多方位战略合作。要优化注册会计师专业方向境外实习项目形式，畅通学生到国内大中型会计师事务所实习的渠道。要强化注册会计师专业方向核心课程师资培训，提升核心课程师资的理论和实务经验。要鼓励行业高端人才在注册会计师专业方向院校担任校外导师，推动注册会计师专业方向院校教育与行业人才需求有效对接。

五、持续打造行业人才领头羊和生力军

深入开展会计师事务所合伙人、行业国际化人才、执业机构党组织书记、行业代表人士、行业青年人才等培养工程，不断完善培养工程的体制机制，不断提升培养工程的效率效果，持续打造行业发展的领头羊和生力军，引领行业高质量发展。

（一）着力推进会计师事务所合伙人培养工程。聚焦培养符合"政治型、职业型、专业型、复合型、国际型"要求的会计师事务所合伙人及后备人才，着力打造会计师事务所发展的领头羊。对会计师事务所合伙人开展轮训，计划每年培训约 1 000 人，五年共培训约 5 000 人，持续提升政治素养和职业道德，持续拓宽战略眼光和国际视野，持续提高综合管理能力。建立合伙人后备人才选拔机制，选拔政治素养高、执业能力强且具备一定管理能力的会计师事务所优秀中青年人才进行重点培养，每年选拔 1 次，培养周期三年，五年共计划选拔培养约 180 人，持续提升专业胜任能力，着重培养管理能力、提升战略眼光和国际视野，为会计师事务所合伙人选拔做好人才储备。坚持学用结合，打通人才培养和使用路径，为合伙人及后备人才搭建平台，调动其服务行业和服务国家建设的积极性。建立健全合伙人及后备人才的考核

评价机制，全面评价考核其职业道德、专业胜任能力、国际视野、综合素质以及为行业建设和国家建设所作的贡献。

（二）着力推进行业国际化人才建设工程。聚焦培养符合"高素质、国际化、复合型"要求的行业国际化人才，着力打造行业国际交流合作和行业国际化发展的先行者。充分利用行业人才培养项目，提高全球化、国际化等宏观性、战略性课程的比重，提供包括英语技能、专业英语、宏观性战略性等定制化的培训内容，提升学员的战略眼光，延展学员的国际视野，为行业深入实施国际化战略储备人才。加强行业国际化人才的使用，积极支持其参与行业准则国际趋同研究、行业国际交流合作等相关工作，切实发挥好行业国际化人才智库作用。

（三）着力推进执业机构党组织书记培养工程。聚焦培养符合"守信念、讲奉献、有本领、重品行"要求的会计师事务所党支部书记、党务工作者、党员骨干，锻造一支政治上强、热爱党的工作、熟悉群众工作的行业党务工作人才队伍。依托各级行业党校开展行业党务工作者轮训，提升全国各级行业党委党务工作者的政治理论水平，指导实践、推动工作。依托各级行业党校开展对事务所党组织书记的轮训，充分发挥事务所党组织书记的基层引领、引导作用，推动党建和业务紧密结合。依托各级行业党校和红色学院开展党员骨干培训，教育引导行业党员从业人员用党的创新理论武装头脑，起到示范带头作用。

（四）着力推进行业党外代表人士培养工程。聚焦培养符合"政治坚定、业绩突出、群众认同"要求的行业党外代表人士，培养一支有贡献、有影响的行业党外代表人士队伍。拓宽选人渠道，完善推荐程序，建立行业党组织定期向统战部门推荐输送行业党外代表人士的机制，重点从会计师事务所合伙人、业务骨干及后备人才中，有组织有计划地物色、选拔行业党外代表人士。各级行业党组织要充分利用各类资源加强行业党外代表人士培训培养，紧扣行业特点制定行业党外代表人士培训规划和培训大纲，充分发挥行业党校在行业党外代表人士培训中主阵地作用，分级分类、科学施训，注重提高行业党外代表人士的政治理论素养和参政议政能力。建立科学规范的提名考察机制，根据有关规定提名推荐行业党外代表人士参选人大代表、担任政协委员和政府参事等,支持行业党外代表人士担任群团组织的兼职领导、代表大会代表、委员会委员,到有关国际组织担任职务。

(五)着力推进行业青年素质提升工程。聚焦培养符合"信念坚定、重实重干、与时俱进"要求的行业青年人才,打造一支道德品行优秀、专业能力过硬的行业建设生力军。利用团中央基层团干部培训班和行业党校各类培训班,对各级行业团委干部、综合排名前100家事务所团干部、受表彰行业青年等开展培训,指导地方协会利用省级行业党校、团省委培训班等开展青年培训。持续开展行业"优秀共青团员、五四红旗团支部"、"青年文明号"等评比表彰,选树先优典型、发挥榜样作用。

六、组织保障

(一)坚持党的全面领导。在财政部党组和财政部人才工作领导小组领导下,切实加强各级行业党委和行业协会党组织建设,发挥党总揽全局、协调各方的领导作用,切实履行管宏观、管政策、管协调、管服务职责,做好新时代"两支队伍"建设的宏观谋划和顶层设计。各级行业党委和行业协会党组织要强化主体责任,完善党管人才工作格局,充分认识加强行业人才工作的重要性,加强对行业人才工作的领导,统筹推进人才工作重大举措落地生效;要结合实际研究制定实施意见,加强政策解读和舆论引导,形成关心支持行业人才发展的良好氛围;要定期研究行业人才发展体制机制改革中遇到的新情况新问题,及时制定修订制度,及时解决重大问题。

(二)强化服务保障。要持续改革完善行业人才治理架构,加强行业人才工作的组织保障、人力保障、资金保障和制度保障。要重视行业人才工作者队伍建设,以构建政治强、专业精、视野宽、本领高的"通才+专才"干部队伍为目标,健全各级注协干部考核评价体系和培训培养体系,强化干部队伍梯队建设,推动人力资源优化,提高服务保障能力。

（三）做好考核评估反馈。建立健全行业人才工作跟踪问效机制，细化任务分工、明确时间节点，加强工作中的督查督导，对发现的问题要及时纠偏，对工作不力的部门和个人要严肃问责。建立健全对行业人才工作的考核机制，以考核传导压力，以压力推动落实，并将贯彻落实本指导意见各项政策情况列入财政部门对注协领导班子工作考核的重要内容，将会计师事务所人才培养情况纳入会计师事务所党组织工作考核的重要内容，确保目标任务落到实处、取得实效。

附录14：中共中央办公厅　国务院办公厅印发 《关于进一步加强财会监督工作的意见》

财会监督是依法依规对国家机关、企事业单位、其他组织和个人的财政、财务、会计活动实施的监督。近年来，财会监督作为党和国家监督体系的重要组成部分，在推进全面从严治党、维护中央政令畅通、规范财经秩序、促进经济社会健康发展等方面发挥了重要作用，同时也存在监督体系尚待完善、工作机制有待理顺、法治建设亟待健全、监督能力有待提升、一些领域财经纪律亟须整治等问题。为进一步加强财会监督工作，更好发挥财会监督职能作用，现提出如下意见。

一、总体要求

（一）指导思想。以习近平新时代中国特色社会主义思想为指导，深入贯彻党的二十大精神，完整、准确、全面贯彻新发展理念，加快构建新发展格局，着力推动高质量发展，更好统筹发展和安全，坚持以完善党和国家监督体系为出发点，以党内监督为主导，突出政治属性，严肃财经纪律，健全财会监督体系，完善工作机制，提升财会监督效能，促进财会监督与其他各类监督贯通协调，推动健全党统一领导、全面覆盖、权威高效的监督体系。

（二）工作要求。

——坚持党的领导，发挥政治优势。坚持加强党的全面领导和党中央集中统一领导，把党的领导落实到财会监督全过程各方面，确保党中央、国务院重大决策部署有效贯彻落实。

——坚持依法监督，强化法治思维。按照全面依法治国要求，健全财经领域法律法规和政策制度，加快补齐法治建设短板，依法依规开展监督，严格执法、严肃问责。

——坚持问题导向，分类精准施策。针对重点领域多发、高发、易发问题和突出矛盾，分类别、分阶段精准施策，强化对公权力运行的制约和监督，建立长效机制，提升监督效能。

——坚持协同联动，加强贯通协调。按照统筹协同、分级负责、上下联动的要求，健全财会监督体系，构建高效衔接、运转有序的工作机制，与其他各类监督有机贯通、相互协调，形成全方位、多层次、立体化的财会监督工作格局。

（三）主要目标。到 2025 年，构建起财政部门主责监督、有关部门依责监督、各单位内部监督、相关中介机构执业监督、行业协会自律监督的财会监督体系；基本建立起各类监督主体横向协同，中央与地方纵向联动，财会监督与其他各类监督贯通协调的工作机制；财会监督法律制度更加健全，信息化水平明显提高，监督队伍素质不断提升，在规范财政财务管理、提高会计信息质量、维护财经纪律和市场经济秩序等方面发挥重要保障作用。

二、进一步健全财会监督体系

（四）加强党对财会监督工作的领导。各级党委要加强对财会监督工作的领导，保障党中央决策部署落实到位，统筹推动各项工作有序有效开展。各级政府要建立财会监督协调工作机制，明确工作任务、健全机制、完善制度，加强对下级财会监督工作的督促和指导。

（五）依法履行财会监督主责。各级财政部门是本级财会监督的主责部门，牵头组织对财政、财务、会计管理法律法规及规章制度执行情况的监督。加强预算管理监督，推动构建完善综合统筹、规范透明、约束有力、讲求绩效、持续安全的现代预算制度，推进全面实施预算绩效管理。加强对行政事业性国有资产管理规章制度、政府采购制度实施情况的监督，保障国有资产安全完整，规范政府采购行为。加强对财务管理、内部控制的监督，督促指导相关单位规范财务管理，提升内部管理水平。加强对会计行为的监督，提高会计信息质量。加强对注册会计师、资产评估和代理记账行业执业质量的监督，规范行业秩序，促进行业健康发展。

（六）依照法定职责实施部门监督。有关部门要依法依规强化对主管、监管行业系统和单位财会监督工作的督促指导。加强对所属单位预算执行的监督，强化预算约束。按照职责分工加强对政府采购活动、资产评估行业的监督，提高政府采购资金使用效益，推动资产评估行业高质量发展。加强对归口财务管理单位财务活动的指导和监督，严格财务管理。按照会计法赋予的职权对有关单位的会计资料实施监督，规范会计行为。

（七）进一步加强单位内部监督。各单位要加强对本单位经济业务、财务管理、会计行为的日常监督。结合自身实际建立权责清晰、约束有力的内部财会监督机制和内部控制体系，明确内部监督的主体、范围、程序、权责等，落实单位内部财会监督主体责任。各单位主要负责人是本单位财会监督工作第一责任人，对本单位财会工作和财会资料的真实性、完整性负责。单位内部应明确承担财会监督职责的机构或人员，负责本单位经济业务、财会行为和会计资料的日常监督检查。财会人员要加强自我约束，遵守职业道德，拒绝办理或按照职权纠正违反法律法规规定的财会事项，有权检举单位或个人的违法违规行为。

（八）发挥中介机构执业监督作用。会计师事务所、资产评估机构、税务师事务所、代理记账机构等中介机构要严格依法履行审计鉴证、资产评估、税收服务、会计服务等职责，确保独立、客观、公正、规范执业。切实加强对执业质量的把控，完善内部控制制度，建立内部风险防控机制，加强风险分类防控，提升内部管理水平，规范承揽和开展业务，建立健全事前评估、事中跟踪、事后评价管理体系，强化质量管理责任。持续提升中介机构一体化管理水平，实现人员调配、财务安排、业务承接、技术标准、信息化建设的实质性一体化管理。

（九）强化行业协会自律监督作用。注册会计师协会、资产评估协会、注册税务师协会、银行业协会、证券业协会等要充分发挥督促引导作用，促进持续提升财会信息质量和内部控制有效性。加强行业诚信建设，健全行业诚信档案，把诚信建设要求贯穿行业管理和服务工作各环节。进一步加强行业自律监管，运用信用记录、警示告诫、公开曝光等措施加大惩戒力度，完善对投诉举报、媒体质疑等的处理机制，推动提升财会业务规范化水平。

三、完善财会监督工作机制

（十）加强财会监督主体横向协同。构建财政部门、有关部门、各单位、中介机构、行业协会等监督主体横向协同工作机制。各级财政部门牵头负责本级政府财会监督协调工作机制日常工作，加强沟通协调，抓好统筹谋划和督促指导；税务、人民银行、国有资产监管、银行保险监管、证券监管等部门积极配合、密切协同。建立健全部门间财会监督政策衔接、重大问题处理、综合执法检查、监督结果运用、监督线索移送、监督信息交流等工作机制，形成监督合力，提升监督效能。建立部门与行业协会联合监管机制，推动行政监管与自律监管有机结合。相关中介机构要严格按照法律法规、准则制度进行执业，并在配合财会监督执法中提供专业意见。中介机构及其从业人员对发现的违法违规行为，应及时向主管部门、监管部门和行业协会报告。各单位应配合依法依规实施财会监督，不得拒绝、阻挠、拖延，不得提供虚假或者有重大遗漏的财会资料及信息。

（十一）强化中央与地方纵向联动。压实各有关方面财会监督责任，加强上下联动。国务院财政部门加强财会监督工作的制度建设和统筹协调，牵头组织制定财会监督工作规划，明确年度监督工作重点，指导推动各地区各部门各单位组织实施。县级以上地方政府和有关部门依法依规组织开展本行政区域内财会监督工作。国务院有关部门派出机构依照法律法规规定和上级部门授权实施监督工作。地方各级政府和有关部门要畅通财会监督信息渠道，建立财会监督重大事项报告机制，及时向上一级政府和有关部门反映财会监督中发现的重大问题。

（十二）推动财会监督与其他各类监督贯通协调。建立健全信息沟通、线索移送、协同监督、成果共享等工作机制。开展财会监督要自觉以党内监督为主导，探索深化贯通协调有效路径，加强与巡视巡察机构协作，建立重点监督协同、重大事项会商、线索移交移送机制，通报财会监督检查情况，研究办理巡视巡察移交的建议；加强与纪检监察机关的贯通协调，完善财会监督与纪检监察监督在贯彻落实中央八项规定精神、纠治"四风"、整治群众身边腐败和不正之风等方面要求贯通协调机制，加强监督成果共享，发现党员、监察对象涉嫌违纪或职务违法、职务犯罪的问题线索，依法依规及时移送纪检监察机关；发挥财会监督专业力量作用，选派财会业务骨干参加巡视巡察、纪委监委监督检查和审查调查。强化与人大监督、民主监督的配合协同，完善与人大监督在提高预算管理规范性、有效性等方面贯通协调机制。增强与行政监督、司法监督、审计监督、统计监督的协同性和联动性，加强信息共享，推动建立健全长效机制，形成监督合力。畅通群众监督、舆论监督渠道，健全财会监督投诉举报受理机制，完善受理、查处、跟踪、整改等制度。

四、加大重点领域财会监督力度

（十三）保障党中央、国务院重大决策部署贯彻落实。把推动党中央、国务院重大决策部署贯彻落实作为财会监督工作的首要任务。聚焦深化供给侧结构性改革，做好稳增长、稳就业、稳物价工作，保障和改善民生，防止资本无序扩张，落实财政改革举措等重大部署，综合运用检查核查、评估评价、监测监控、调查研究等方式开展财会监督，严肃查处财经领域违反中央宏观决策和治理调控要求、影响经济社会健康稳定发展的违纪违规行为，确保党中央政令畅通。

（十四）强化财经纪律刚性约束。加强对财经领域公权力行使的制约和监督，严肃财经纪律。聚焦贯彻落实减税降费、党政机关过紧日子、加强基层保基本民生保工资保运转工作、规范国库管理、加强资产管理、防范债务风险等重点任务，严肃查处财政收入不真实不合规、违规兴建楼堂馆所、乱设财政专户、违规处置资产、违规新增地方政府隐性债务等突出问题，强化通报问责和处理处罚，使纪律真正成为带电的"高压线"。

（十五）严厉打击财务会计违法违规行为。坚持"强穿透、堵漏洞、用重典、正风气"，从严从重查处影响恶劣的财务舞弊、会计造假案件，强化对相关责任人的追责问责。加强对国有企业、上市公司、金融企业等的财务、会计行为的监督，严肃查处财务数据造假、出具"阴阳报告"、内部监督失效等突出问题。加强对会计信息质量的监督，依法严厉打击伪造会计账簿、虚构经济业务、滥用会计准则等会计违法违规行为，持续提升会计信息质量。加强对会计师事务所、资产评估机构、代理记账机构等中介机构执业质量监督，聚焦行业突出问题，加大对无证经营、挂名执业、违规提供报告、超出胜任能力执业等违法违规行为的整治力度，强化行业日常监管和信用管理，坚决清除害群之马。

五、保障措施

（十六）加强组织领导。各地区各有关部门要强化组织领导，加强协同配合，结合实际制定具体实施方案，确保各项工作任务落地见效。将财会监督工作推进情况作为领导班子和有关领导干部考核的重要内容；对于贯彻落实财会监督决策部署不力、职责履行不到位的，要严肃追责问责。

（十七）推进财会监督法治建设。健全财会监督法律法规制度，及时推动修订预算法、会计法、注册会计师法、资产评估法、财政违法行为处罚处分条例等法律法规。健全财政财务管理、资产管理等制度，完善内部控制制度体系。深化政府会计改革，完善企业会计准则体系和非营利组织会计制度，增强会计准则制度执行效果。

（十八）加强财会监督队伍建设。县级以上财政部门应强化财会监督队伍和能力建设。各单位应配备与财会监督职能任务相匹配的人员力量，完善财会监督人才政策体系，加强财会监督人才培训教育，分类型、分领域建立高层次财会监督人才库，提升专业能力和综合素质。按照国家有关规定完善财会监督人才激励约束机制。

（十九）统筹推进财会监督信息化建设。深化"互联网＋监督"，充分运用大数据和信息化手段，切实提升监管效能。依托全国一体化在线政务服务平台，统筹整合各地区各部门各单位有关公共数据资源，分级分类完善财会监督数据库，推进财会监督数据汇聚融合和共享共用。构建财会领域重大风险识别预警机制。

（二十）提升财会监督工作成效。优化监督模式与方式方法，推动日常监督与专项监督、现场监督与非现场监督、线上监督与线下监督、事前事中事后监督相结合，实现监督和管理有机统一。加大对违法违规行为的处理处罚力度，大幅提高违法违规成本，推动实施联合惩戒，依法依规开展追责问责。加强财会监督结果运用，完善监督结果公告公示制度，对违反财经纪律的单位和人员，加大公开曝光力度，属于党员和公职人员的，及时向所在党组织、所在单位通报，发挥警示教育作用。

（二十一）加强宣传引导。加强财会监督法律法规政策宣传贯彻，强化财会从业人员执业操守教育。在依法合规、安全保密等前提下，大力推进财会信息公开工作，提高财会信息透明度。鼓励先行先试，强化引领示范，统筹抓好财会监督试点工作。加强宣传解读和舆论引导，积极回应社会关切，充分调动各方面积极性，营造财会监督工作良好环境。

后　记

百年未有之大变局，世界充满不确定性，人越来越焦虑，敢问路在何方。事务所也是如此，外有严监管处罚赔偿重责，内有人才流失成本高趋，不知路在何方。子曰："吾尝终日不食，终夜不寝，以思，无益，不如学也"。

我2008年至2014年参加全国会计领军人才培训工程，2011年参加中央党校三个月学习，2018年在哈佛大学商学院，2014年至2016年在中欧EMBA，2019年在长江商学院DBA至今，苦苦探寻，辗转反侧。迫于作业要求，勉力将思考化成文字，为纪念这段艰难心路历程，方有了这本薄著。

感谢一路给我指教的老师和同学们，因为你们，迫使我去跟上些步伐；感谢多年工作中的领导、朋友和同事们，因为你们，如履薄冰里才有些进步；感谢家人，特别是我的爱人李朝霞和儿子陈治州，你们的辛勤付出、包容与支持，一直激励着我前行。

感谢一起同行，互相启发乃至成就的王全洲和张恩军两位热情洋溢的序，感谢经济科学出版社和谭志军副编审，让长久的小梦想成为现实。

探索永远在路上，期待国内事务所高质量发展的大梦想，汇入中华民族伟大复兴中早日实现！

陈胜华

2023年8月